信访法律
知识问答

李奕佳 ◎ 编著

辽宁人民出版社

图书在版编目（CIP）数据

信访法律知识问答 / 李奕佳编著 . — 沈阳：辽宁
人民出版社，2024.3
ISBN 978-7-205-11098-7

Ⅰ . ①信… Ⅱ . ①李… Ⅲ . ①信访工作—法律—基本
知识—中国 Ⅳ . ① D922.182.04

中国国家版本馆 CIP 数据核字（2024）第 068100 号

出版发行：辽宁人民出版社
　　　　　地址：沈阳市和平区十一纬路 25 号　邮编：110003
　　　　　电话：024-23284325（邮　购）　024-23284300（发行部）
　　　　　http：//www.lnpph.com.cn
印　　　刷：沈阳海世达印务有限公司
幅面尺寸：185mm×260mm
印　　张：16.25
字　　数：260 千字
出版时间：2024 年 3 月第 1 版
印刷时间：2024 年 3 月第 1 次印刷
责任编辑：王晓筱　崔瑞桐
装帧设计：北京齐心顺意文化传播有限公司
责任校对：吴艳杰
书　　号：ISBN 978-7-205-11098-7

定　　价：68.00 元

目 录

第一章　信访概述

1. 什么是信访？

信访是人民来信来访的简称，根据《信访工作条例》第十七条规定，信访是指公民、法人或者其他组织采用信息网络、书信、电话、传真、走访等形式，向各级机关、单位反映情况，提出建议、意见或者投诉请求，由有关机关、单位依规依法处理的活动。

"信访"一词是新中国成立后出现形成的，是中国共产党的首创。1950年11月，中共中央办公厅秘书室向毛泽东报告群众来信来访情况时，首次提出把"处理人民来信来访"作为一项专门工作。然后在长期处理人民来信来访工作实践中，广大信访干部把人民来信来访简称为信访，把处理人民来信来访工作称为信访工作。

1963年12月，国务院秘书厅在《信访档案分类方法》中最早使用了"信访"一词。1971年，《红旗》杂志为纪念毛泽东"必须重视人民群众来信"批示发表20周年，首次公开把人民来信来访称为信访，把处理人民来信来访工作称为信访工作。从这时起，"信访"一词才被党政机关正式采用并为社会所确认，之后通过国家法律法规的形式被赋予特定的含义，成为法律概念[①]。

[①]舒晓琴主编.中国信访制度研究[M].北京：中国法制出版社，2019：1-2.

2. 信访可以分为哪些类别？

（1）按照提出信访事项的形式可以分为来信、来电、走访、网上信访。

① 来信，是指公民、法人或者其他组织采用书信、传真等形式，向各级机关、单位反映情况，提出建议、意见或者投诉请求，有关机关、单位应当依规依法处理。来信可分为：初次来信、重复来信、联名信；

② 来电，是指公民、法人或者其他组织采用电话的形式，向各级机关、单位反映情况，提出建议、意见或者投诉请求，有关机关、单位应当依规依法处理；

③ 走访，是指公民、法人或者其他组织采用走访的形式，向各级机关、单位反映情况，提出建议、意见或者投诉请求，有关机关、单位应当依规依法处理。走访可分为：初访、重复访、个体访、集体访等；

④ 网上信访，是指公民、法人或者其他组织采用信息网络的形式，向各级机关、单位反映情况，提出建议、意见或者投诉请求，有关机关、单位应当依规依法处理。网上信访可分为：信访信息系统平台、手机客户端、微信公众号、领导信箱等。

（2）按照信访事项内容可分为普通信访、涉法涉诉信访。

① 普通信访，是指《信访工作条例》第三十一条第六项规定的情形；

② 涉法涉诉信访，指《信访工作条例》第三十一条第一项规定的情形。

（3）按照信访事项的性质不同可分为：建议意见类、检举控告类、申诉求决类。

① 建议意见类信访事项，是以促进国民经济和社会发展或者改进国家机关工作以及保护社会公共利益等建议、意见为主要内容的信访事项；

② 检举控告类信访事项，是以对国家机关及其工作人员、其他有关组织及其工作人员失职、渎职等违纪、违法职务行为的检举或者控告为主要内容的信访事项；

③ 申诉求决类信访事项，是以不服国家机关、其他有关组织处理决定的申诉，或者请求国家机关帮助解决困难、问题为主要内容的信访事项。

3. 信访活动形式有什么具体要求？集会、游行、示威是信访活动吗？

《信访工作条例》第十七条第一款规定：公民、法人或者其他组织可以采用信息网络、书信、电话、传真、走访等形式，向各级机关、单位反映情况，提出建议、意见或者投诉请求，有关机关、单位应当依规依法处理。《信访工作条例》第二十条第一款规定：信访人采用走访形式提出信访事项的，应当到有权处理的本级或者上一级机关、单位设立或者指定的接待场所提出。《中华人民共和国集会游行示威法》第二条规定：集会是指聚集于露天公共场所，发表意见、表达意愿的活动。游行，是指在公共道路、露天公共场所列队行进表达共同意愿的活动。示威，是指在露天公共场所或者公共道路上以集会、游行、静坐等方式，表达要求、抗议或者支持、声援等共同意愿的活动。所以集会、游行、示威不属于信访活动。

4. 《信访工作条例》制定目的是什么？

《信访工作条例》第一条规定：为了坚持和加强党对信访工作的全面领导，做好新时代信访工作，保持党和政府同人民群众的密切联系，制定本条例。

5. 《信访工作条例》的适用范围是什么？

《信访工作条例》第二条规定：本条例适用于各级党的机关、人大机关、行政机关、政协机关、监察机关、审判机关、检察机关以及群团组织、国有企事业单位等开展信访工作。

6. 信访工作的重要意义是什么？

《信访工作条例》第三条规定：信访工作是党的群众工作的重要组成部分，是党和政府了解民情、集中民智、维护民利、凝聚民心的一项重要工作，是各级机关、单位及其领导干部、工作人员接受群众监督、改进工作作风的重要途径。

7. 信访工作的指导思想是什么？

《信访工作条例》第四条规定：信访工作坚持以马克思列宁主义、毛泽东思想、邓小平理论、"三个代表"重要思想、科学发展观、习近平新时代中国特色社会主义思想为指导，贯彻落实习近平总书记关于加强和改进人民信访工作的重要思想，增强"四个意识"、坚定"四个自信"、做到"两个维护"，牢记为民解难、为党分忧的政治责任，坚守人民情怀，坚持底线思维、法治思维，服务党和国家工作大局，维护群众合法权益，化解信访突出问题，促进社会和谐稳定。

8. 信访工作的任务是什么？

《信访工作条例》第四条规定了信访工作的任务，即贯彻落实习近平总书记关于加强和改进人民信访工作的重要思想，增强"四个意识"、坚定"四个自信"、做到"两个维护"，牢记为民解难、为党分忧的政治责任，坚守人民情怀，坚持底线思维、法治思维，服务党和国家工作大局，维护群众合法权益，化解信访突出问题，促进社会和谐稳定。

9. 组织开展信访工作的原则是什么？

《信访工作条例》第五条规定了组织开展信访工作的五项原则。

（1）坚持党的全面领导。把党的领导贯彻到信访工作各方面和全过程，确保正确政治方向。

（2）坚持以人民为中心。践行党的群众路线，倾听群众呼声，关心群众疾苦，千方百计为群众排忧解难。

（3）坚持落实信访工作责任。党政同责、一岗双责，属地管理、分级负责，谁主管、谁负责。

（4）坚持依法按政策解决问题。将信访纳入法治化轨道，依法维护群众权益、规范信访秩序。

（5）坚持源头治理化解矛盾。多措并举、综合施策，着力点放在源头预防和前端化解，把可能引发信访问题的矛盾纠纷化解在基层、化解在萌芽状态。

10. 在信访工作中，对各级机关、单位的总要求是什么？

《信访工作条例》第六条规定：各级机关、单位应当畅通信访渠道，做好信访工作，认真处理信访事项，倾听人民群众建议、意见和要求，接受人民群众监督，为人民群众服务。

11. 什么是信访制度？信访制度有哪些功能？

信访制度，是对信访活动和信访工作作出的一系列制度安排，包括规范信访活动和信访工作的法律法规体系以及相关的组织制度、工作机制和工作程序。信访制度是一项具有中国特色的制度设计，是国家治理体系的重要组成部分，具有广泛的政治参与、民主监督、权益保障和化解纠纷等功能。

12. 我国目前有哪些解决纠纷和实现权利救济的制度？

为了维护公民合法权益，解决矛盾纠纷和实现权利救济，我国已经建立了信访、诉讼、仲裁、调解、行政复议、行政裁决等解决纠纷和实现权利救济的制度体系。这些制度为公民和社会组织提供一种保障机制，使他们能够通过适当的渠道保护自己的合法权益不受侵害，并使被侵害的权益得到恢复和救济。

13. 信访与举报有什么区别？

一是受理机构不同。受理信访的机构比受理举报的机构范围更广。受理信访的机关包括各级党的机关、人大机关、行政机关、政协机关、监察机关、审判机关、检察机关以及群团组织、国有企事业单位；而受理举报的机关主要是监察机关、公安机关、审判机关、检察机关。二是向受理机关、单位检举揭发的内容不同。信访不仅可以检举揭发某些犯罪事实和犯罪嫌疑人，还可以向有关机关、单位反映情况，提出意见、建议和投诉请求。三是法律依据不同。信访的法律依据是党中央、国务院颁布的《信访工作条例》；而举报的法律依据是《刑事诉讼法》。此外，《行政监察法》《行政许可法》等对举报也有明确规定。

14. 什么是诉讼？与信访有什么区别？

诉讼是指国家审判机关即人民法院依照法律规定，在当事人和其他诉讼参与人的参加下，依法解决讼争的活动。民间俗称"打官司"。根据诉讼的内容和形式不同，它可以分为刑事诉讼、民事诉讼和行政诉讼。由于刑事诉讼和民事诉讼分别是以解决被追诉者刑事责任和解决民事纠纷为目的的诉讼活动，而行政诉讼是针对国家行政机关具体行政行为的诉讼，与信访活动存在某些相似之处，因此，在分析比较信访和诉讼时，主要着眼于信访与行政诉讼的比较。

（1）受理范围不同。行政诉讼受理范围只限于国家行政机关的具体行政行为；信访受理的范围比较宽泛，公民、法人或者其他组织向各级机关、单位反映情况，提出建议、意见或者投诉请求，属于信访范围。

（2）处理主体不同。行政诉讼的处理主体为人民法院；信访事项的处理主体是各级党委和政府信访部门以及有权处理的机关、单位。

（3）提起时间和费用不同。信访事项的提起没有时间限制，而行政诉讼的提起按照法律规定是有时间限制的，应当在诉讼时效期内向人民法院提出。行政诉讼有案件受理费和其他诉讼费用，而信访活动则无须缴纳受理、办理费用。

（4）处理方式不同。行政诉讼由人民法院对国家行政机关的行政行为是否合法作出实体裁判；信访事项的处理方式是：各级党委和政府信访部门收到信访事项后，通过转送、交办、督办等方式，转由有权处理的机关、单位进行处理。

（5）法律效力不同。在解决纠纷法律效力方面，诉讼的法律效力更高，是一种合法的、最有效的，也是最终的纠纷解决手段。在法律效力上，信访明显不具备诉讼的权威性和高效性。

15. 什么是仲裁？与信访有什么区别？

仲裁，亦称"公断"，仲裁是指发生争议的双方当事人，根据其在争议发生前或争议发生后所达成的协议，自愿将该争议提交中立的第三者进行裁判的争议解决制度和方式。根据仲裁解决争议的类型，我国仲裁制度分为民商事仲裁、人事争议仲裁、劳动争议仲裁。信访与仲裁的区别包括：

（1）范围不同。仲裁只适用于民事纠纷，如合同纠纷和财产纠纷。而信访反映的问题比较复杂，受理的范围非常广泛。

（2）提起原因不同。当事人采用仲裁方式解决纠纷，应当双方自愿，达成仲裁协议。没有仲裁协议，一方申请仲裁的，仲裁机构不予受理。而信访则以信访人单方提出信访事项即可。

（3）程序不同。相对于信访，仲裁程序简单，仲裁实行一裁终局的制度。裁决作出后，当事人就同一纠纷再申请仲裁或者向人民法院起诉的，仲裁委员会或者人民法院不予受理。

（4）处理主体不同。仲裁由专门的仲裁委员会裁决争议，例如，在劳动仲裁中，用人单位与劳动者之间的劳动合同争议，由劳动争议仲裁委员会裁决。而信访事项的处理主体是各级党委和政府信访部门以及有权处理的机关、单位。

16. 什么是调解？与信访有什么区别？

调解是指双方或多方当事人就矛盾纠纷，在人民法院、政府机关、人民调解委员会及有关组织主持下，自愿协商，通过教育疏导等方式，促成各方当事人依法达成协议、解决纠纷的活动。在中国，调解主要有三种形式：司法调解（法院在诉讼过程中的调解）、行政调解（行政机关在执法过程中的调解）和人民调解（群众性组织即人民调解委员会的调解）。

由于司法调解属于司法的范畴，这里主要将信访与人民调解和行政调解进行比较。

（1）效力不同。人民调解和行政调解所达成的协议对双方当事人不具有严格的法律效力，双方当事人拒绝履行调解协议的，仍然可以向人民法院提起诉讼。而信访部门作出的处理决定具有严格的法律效力。

（2）适用范围不同。调解一般适用于民商事领域。而信访适用范围更广。

（3）形式和场所不同。人民调解的调解地点可调换，既可以在人民调解委员会内进行，也可以在指定的地点进行。行政调解的调解形式没有明确的规定。而信访的形式和接待场所都有明确的规定。从事信访活动的应当在设立或指定的接待场所进行，信访形式应符合《信访工作条例》规定的形式。

17. 什么是行政复议？与信访有什么区别？

行政复议，是指公民、法人或者其他组织认为行政主体的行政行为侵害其合法权益，依法向行政复议机关提出复查该行政行为的申请，行政复议机关依照法定程序对被申请的行政行为进行合法性、适当性审查，并作出行政复议决定的活动。行政复议作为公民、法人或者其他组织行使救济权的一项重要法律制度，目的是纠正行政主体作出的违法或者不当的具体行政行为，以保护公民、法人或者其他组织的合法权益。

（1）受理范围不同。行政复议受理范围仅限于行政机关的具体行政行为；信访受理范围更加宽泛，公民、法人或者其他组织向各级机关、单位反映情况，提出建议、意见或者投诉请求，都属于信访范围。

（2）处理主体不同。行政复议处理主体是行政复议机关，由行政复议机关负责法制工作的机构办理；信访事项根据"属地管理、分级负责，谁主管、谁负责"的原则，按照职责权限，由对该事项有权处理的机关、单位办理。

（3）处理程序不同。公民、法人或者其他组织申请行政复议有严格的期限，必须在法定复议期限内向行政复议机关提出复议申请；《信访工作条例》对信访事项的受理、办理、复查、复核期限也作了规定，但限定条款较少。

（4）处理方式不同。行政复议机关收到行政复议申请后通常是直接作出复议决定；信访事项的处理方式是：党委和政府信访部门或其他信访工作机构，在收到信访事项后，通过转送、交办、督办等方式，交由有权处理机关、单位具体办理。

第二章　信访法律关系

18. 什么是信访法律关系?

信访法律关系是指在信访过程中,信访当事人之间依据《信访工作条例》及其他有关法律法规所产生的权利义务关系。公民、法人或者其他组织通过信息网络、书信、电话、传真、走访等形式向各级机关、单位反映情况,提出意见、建议和投诉请求,是其参政议政、民主监督及维护权益的权利。信访法律关系由主体、客体和内容三个要素构成[①]。

19. 什么是信访法律关系的主体?

信访法律关系的主体即信访当事人,是在信访活动中依法享有权利或职权、承担义务或职责的具体国家机关、公民、法人或其他组织。包括信访人、信访机关及其工作人员和其他相关主体。信访机关包括信访受理机关和信访办理机关[②]。

信访受理机关是指履行登记、受理、转送、交办、督促检查等职责的各级党委和政府信访部门。《信访工作条例》第十六条规定,各级党委和政府应当加强信访部门建设,选优配强领导班子,配备与形势任务相适应的工作力量,建立健全信访督查专员制度,打造高

[①] 郑广淼主编.信访学概论[M].北京:中国民主法制出版社,2018:126.
[②] 郑广淼主编.信访学概论[M].北京:中国民主法制出版社,2018:135-136.

素质专业化信访干部队伍。各级党委和政府信访部门的受理属于程序性受理。信访办理机关是指承担调查、实体处理具体信访事项的各级党委和政府以外的其他机关、单位，《信访工作条例》称之为"有权处理的机关、单位"。

20. 什么是信访法律关系的客体？

信访法律关系的客体是信访事项，即信访法律关系主体之间的权利和义务所指向的对象。具体来说，信访法律关系的客体就是信访人与信访机关之间的权利和义务指向的对象，即信访人提出的信访事项[①]。

21. 什么是信访法律关系的内容？

信访法律关系的内容，是指信访法律关系各主体的权利和义务[②]，即信访人、信访机关及其工作人员在信访活动中的权利和义务。信访法律关系的内容法定，宪法及《信访工作条例》等法律法规明确规定了信访法律关系各主体在信访活动中各自享有的权利和必须承担的义务。

22. 什么是信访权？信访权有法律依据吗？

信访权，就是公民、法人或者其他组织通过信息网络、书信、电话、传真、走访等形式，向各级机关、单位反映情况，提出意见、建议和投诉请求，并要求其依规依法处理的权利。

[①] 郑广淼主编.信访学概论[M].北京：中国民主法制出版社，2018：137.
[②] 郑广淼主编.信访学概论[M].北京：中国民主法制出版社，2018：138.

2002 年 7 月，中共中央办公厅、国务院办公厅在《关于进一步做好村民委员会换届选举工作的通知》中明确使用了"信访权"概念，要求"各地、各有关部门特别是信访、民政、司法行政部门一定要尊重农民群众的申诉权、信访权"。2007 年，中共中央、国务院印发的《关于进一步加强新时期信访工作的意见》中也明确要求要"完善信访诉求表达方式"，"充分尊重和保护人民群众的信访权利"，这是第一次以中共中央、国务院文件的形式对"信访权利"概念予以确认。

信访权有明确的法律依据。根据我国宪法第四十一条规定，公民有对国家机关和国家工作人员提出批评和建议的权利，有对国家机关和国家工作人员的违法失职行为提出申诉、控告或者检举的权利。《信访工作条例》第十八条对信访权的保障也作了明确规定，各级机关、单位应当向社会公布网络信访渠道、通信地址、咨询投诉电话、信访接待的时间和地点、查询信访事项处理进展以及结果的方式等相关事项，在其信访接待场所或者网站公布与信访工作有关的党内法规和法律、法规、规章，信访事项的处理程序，以及其他为信访人提供便利的相关事项。任何组织和个人不得打击报复信访人[①]。

23. 什么是信访人？哪些人享有信访权？

采用信息网络、书信、电话、传真、走访等形式，向各级机关、单位反映情况，提出建议、意见或者投诉请求的公民、法人或者其他组织，称信访人。

信访人可以是自然人，也可以是法人或者其他组织。公民、法人或者其他组织只有向行使公权力的机关、单位反映情况，提出意见、建议和投诉请求时，才能称为"信访人"。其他如采用书信、电子邮件、传真电话、走访等形式进行活动时，如私人联络、信息发布、

[①]舒晓琴.中国信访制度研究[M].北京：中国法制出版社，2019：11.

商务交往等，不属于信访人。

除公民、法人或者其他组织享有信访权外，《信访工作条例》第四十八条规定"对外国人、无国籍人、外国组织信访事项的处理，参照本条例执行"。这说明，不仅我国的公民、法人和社团组织享有信访权，而且外国人、无国籍人和外国组织同样享有信访权。他们在行使信访权的过程中，都平等地享有向行使公权力的机关、单位表达意愿、诉求并希望得到满足的权利，不会因他们的家庭出身、财产状况、宗教信仰、职业、民族、国籍等不同而有所差别。

24. 信访人在信访活动中享有哪些权利？

《信访工作条例》虽然没有利用专门条款规定信访人的权利，但是在各章条款中也明确规定了信访人的权利，所以，信访人的权利是法律赋予的权利，具体归纳如下：

（1）知情权。知情权是信访人充分获取信息，顺利进行信访活动的必要保障。①信访人查询信访事项的处理进展以及结果方式，要求各级机关、单位及时给予答复的权利。②信访人获取相关信息的权利，各级机关、单位应当主动公开与信访活动相关的信息。《信访工作条例》第十八条规定"各级机关、单位应当向社会公布网络信访渠道、通信地址、咨询投诉电话、信访接待的时间和地点等相关信息"，这是保障信访人知情权的具体体现。

（2）保障权。①回避权。《信访工作条例》第二十八条规定：各级机关、单位工作人员与信访事项或者信访人有直接利害关系的，应当回避。②陈述、申辩权。《信访工作条例》第三十一条规定：对信访事项有权处理的机关、单位办理信访事项，应当听取信访人陈述事实和理由。③申请复查、复核权。信访人对信访事项处理意见不服的，可以申请复查、复核。④要求书面答复的权利。各级机关、单位对信访事项受理、处理情况应书面答复信访人。⑤不受打击报复的权利。《信访工作条例》第十八条规定：任何组织和个人不得打击报复信访人。⑥自身受保护权。《信访工作条例》第三十条规定：不得将信访人的检举、揭发材料以及有关情况透露或者转给被检举、揭发的人员或者单位。⑦诉求予以支持的权利。《信访工作条例》第三十二条规定：请求事实清楚，符合法律、法规、规章或者其他有关规定的，予以支持。这些条款的规定，目的是保障信访人提出的信访事项能够获得公正处理。

（3）参与权。受到奖励的权利。《信访工作条例》第二十九条规定：信访人反映的情况、提出的建议意见，对国民经济和社会发展或者对改进工作以及保护社会公共利益有贡献的，应当按照有关规定给予奖励。

25. 信访人在信访活动中应履行哪些义务？

根据权利与义务的对等原则，任何法律主体在享有权利的同时也负有相应的义务。因此，信访人在行使信访权利的同时，也应依法履行相应的义务①。

（1）对信访事项提出形式的要求。《信访工作条例》第十七条规定：公民、法人或者其他组织可以采用信息网络、书信、电话、传真、走访等形式，向各级机关、单位反映情况，提出建议、意见或者投诉请求，有关机关、单位应当依规依法处理。

（2）通过走访提出信访事项的要求。《信访工作条例》第二十条规定：信访人采用走访形式提出信访事项的，应当到有权处理的本级或者上一级机关、单位设立或者指定的接待场所提出。这是对走访地点、走访层级的要求。

（3）对多人以走访形式提出信访事项的要求。《信访工作条例》第二十条规定：多人

---

①中央信访工作联席会议办公室，国家信访局.信访工作条例辅导读本[M].北京：中国法制出版社，2022：131.

采用走访形式提出共同的信访事项的，应当推选代表，代表人数不得超过 5 人。

（4）对信访人提出信访事项的真实性要求。《信访工作条例》第十九条规定：信访人提出信访事项，应当客观真实，对其所提供材料内容的真实性负责，不得捏造、歪曲事实，不得诬告、陷害他人。

（5）对信访人在信访过程中的禁止性要求。《信访工作条例》第二十六条规定：信访人应当遵守法律、法规，不得损害国家、社会、集体的利益和其他公民的合法权利，自觉维护社会公共秩序和信访秩序，不得有下列行为：

① 在机关、单位办公场所周围、公共场所非法聚集，围堵、冲击机关、单位，拦截公务车辆，或者堵塞、阻断交通；

② 携带危险物品、管制器具；

③ 侮辱、殴打、威胁机关、单位工作人员，非法限制他人人身自由，或者毁坏财物；

④ 在信访接待场所滞留、滋事，或者将生活不能自理的人弃留在信访接待场所；

⑤ 煽动、串联、胁迫、以财物诱使、幕后操纵他人信访，或者以信访为名借机敛财；

⑥ 其他扰乱公共秩序、妨害国家和公共安全的行为。

26. 什么是信访事项？信访事项包括哪些类型？

信访人向行使公权力的机关、单位反映的情况，提出的意见、建议和投诉请求称为信访事项。信访事项主要包括三种类型：

（1）建议意见类信访事项，是以促进国民经济和社会发展或者改进国家机关工作以及保护社会公共利益等建议、意见为主要内容的信访事项；

（2）检举控告类信访事项，是以对国家机关及其工作人员、其他有关组织及其工作人员失职、渎职等违纪、违法职务行为的检举或者控告为主要内容的信访事项；

（3）申诉求决类信访事项，是以不服国家机关、其他有关组织处理决定的申诉，或者请求国家机关帮助解决困难、问题为主要内容的信访事项。

27. 信访人可以向哪些机关、单位提出信访事项？

信访人可以向各级党的机关、人大机关、行政机关、政协机关、监察机关、审判机关、检察机关以及群团组织、国有企事业单位等反映情况，提出建议、意见或者投诉请求。

28. 信访人在信访过程中应当遵守哪些法律、法规？

信访人在信访过程中应当遵守的法律、法规，主要是指《中华人民共和国宪法》《中华人民共和国刑法》《中华人民共和国治安管理处罚法》等法律，也包括《信访工作条例》等法规。

第三章 信访工作体制

29. 新时代信访工作格局是什么？

《信访工作条例》第七条规定：坚持和加强党对信访工作的全面领导，构建党委统一领导、政府组织落实、信访工作联席会议协调、信访部门推动、各方齐抓共管的信访工作格局。

30. 党中央在信访工作中的职责是什么？

《信访工作条例》第八条规定：党中央加强对信访工作的统一领导：

（1）强化政治引领，确立信访工作的政治方向和政治原则，严明政治纪律和政治规矩；

（2）制定信访工作方针政策，研究部署信访工作中事关党和国家工作大局、社会和谐稳定、群众权益保障的重大改革措施；

（3）领导建设一支对党忠诚可靠、恪守为民之责、善做群众工作的高素质专业化信访工作队伍，为信访工作提供组织保证。

31. 地方党委在信访工作中的职责是什么？

《信访工作条例》第九条规定：地方党委领导本地区信访工作，贯彻落实党中央关于信访工作的方针政策和决策部署，执行上级党组织关于信访工作的部署要求，统筹信访工作责任体系构建，支持和督促下级党组织做好信访工作。

地方党委常委会应当定期听取信访工作汇报，分析形势，部署任务，研究重大事项，解决突出问题。

32. 各级政府在信访工作中的职责是什么？

《信访工作条例》第十条规定：各级政府贯彻落实上级党委和政府以及本级党委关于信访工作的部署要求，科学民主决策、依法履行职责，组织各方力量加强矛盾纠纷排查化解，及时妥善处理信访事项，研究解决政策性、群体性信访突出问题和疑难复杂信访问题。本条明确了各级政府在信访工作中的职责，为在新时代信访工作格局中发挥组织落实作用提供保障。

33. 中央信访工作联席会议职责是什么？

《信访工作条例》第十一条规定：中央信访工作联席会议在党中央、国务院领导下，负责全国信访工作的统筹协调、整体推进、督促落实，履行下列职责：

（1）研究分析全国信访形势，为中央决策提供参考；

（2）督促落实党中央关于信访工作的方针政策和决策部署；

（3）研究信访制度改革和信访法治化建设重大问题和事项；

（4）研究部署重点工作任务，协调指导解决具有普遍性的信访突出问题；

（5）领导组织信访工作责任制落实、督导考核等工作；

（6）指导地方各级信访工作联席会议工作；

（7）承担党中央、国务院交办的其他事项。

34. 中央信访工作联席会议架构是什么？

（1）《信访工作条例》第十一条第二款规定：中央信访工作联席会议由党中央、国务院领导同志以及有关部门负责同志担任召集人，各成员单位负责同志参加。

①中央信访工作联席会议召集人。明确由党中央、国务院领导同志以及有关部门负责同志担任。

②中央信访工作联席会议成员。明确中央信访工作联席会议成员由各成员单位负责同志组成。

（2）《信访工作条例》第十一条第二款规定：中央信访工作联席会议办公室设在国家信访局，承担联席会议的日常工作，督促检查联席会议议定事项的落实。

①明确中央信访工作联席会议办公室设在国家信访局。办公室根据中央信访工作联席会议的授权开展工作。

②中央信访工作联席会议办公室承担联席会议的日常工作。

③中央信访工作联席会议办公室督促检查联席会议议定事项的落实。

35. 中央信访工作联席会议运行机制是什么？

《信访工作条例》第十二条规定：中央信访工作联席会议根据工作需要召开全体会议或者工作会议。研究涉及信访工作改革发展的重大问题和重要信访事项的处理意见，应当及时向党中央、国务院请示报告。

中央信访工作联席会议各成员单位应当落实联席会议确定的工作任务和议定事项，及时报送落实情况；及时将本领域重大敏感信访问题提请联席会议研究。

（1）会议制度。①中央信访工作联席会议全体会议；②中央信访工作联席会议工作会议。

（2）请示报告制度。①中央信访工作联席会议向党中央、国务院请示的事项；②中央信访工作联席会议向党中央、国务院报告的事项。

（3）成员单位职责。①落实联席会议确定的工作任务和议定事项，及时报送落实情况。②及时将本领域重大敏感信访问题提请联席会议研究。

36. 地方信访工作联席会议职责是什么？

《信访工作条例》第十三条第一款规定：地方各级信访工作联席会议在本级党委和政府领导下，负责本地区信访工作的统筹协调、整体推进、督促落实，协调处理发生在本地区的重要信访问题，指导下级信访工作联席会议工作。联席会议召集人一般由党委和政府负责同志担任。

地方信访工作联席会议其他相关职责：

（1）协调管辖权争议。《信访工作条例》第二十四条第一款规定：涉及两个或者两个以上机关、单位的信访事项，受理有争议且没有共同的上一级机关、单位的，由共同的信访工作联席会议协调处理。

（2）掌握重要信息。《信访工作条例》第二十五条第一款规定：各级机关、单位对可能造成社会影响的重大、紧急信访事项和信访信息，应当及时报告本级党委和政府，通报相关主管部门和本级信访工作联席会议办公室，在职责范围内依法及时采取措施，防止不良影响的产生、扩大。

（3）开展信访督查。《信访工作条例》第三十八条第二款规定：信访工作联席会议及其办公室、党委和政府信访部门应当根据工作需要开展督查，就发现的问题向有关地方和部门进行反馈，重要问题向本级党委和政府报告。

（4）信访工作考核。《信访工作条例》第三十九条第三款规定：对在信访工作中履职不力、存在严重问题的领导班子和领导干部，视情节轻重，由信访工作联席会议进行约谈、通报、挂牌督办，责令限期整改。

37. 地方信访工作联席会议有哪些运行保障机制？

《信访工作条例》第十三条第二款规定：地方党委和政府应当根据信访工作形势任务，及时调整成员单位，健全规章制度，建立健全信访信息分析研判、重大信访问题协调处理、联合督查等工作机制，提升联席会议工作的科学化、制度化、规范化水平。

38. 乡镇（街道）需要建立信访工作联席会议机制吗？

《信访工作条例》第十三条第三款规定：根据工作需要，乡镇党委和政府、街道党工委和办事处可以建立信访工作联席会议机制，或者明确党政联席会定期研究本地区信访工作，协调处理发生在本地区的重要信访问题。

39. 什么是信访部门？

《信访工作条例》第十四条规定：各级党委和政府信访部门是开展信访工作的专门机构。即信访部门是党委和政府为开展信访工作，履行信访工作职责，专门设立的负责信访工作的机构，是代表党委和政府负责本级信访工作的机构①。

40. 各级党委和政府信访部门应履行哪些职责？

《信访工作条例》第十四条规定：各级党委和政府信访部门是开展信访工作的专门机构，履行下列职责：

（1）受理、转送、交办信访事项；

（2）协调解决重要信访问题；

（3）督促检查重要信访事项的处理和落实；

（4）综合反映信访信息，分析研判信访形势，为党委和政府提供决策参考；

（5）指导本级其他机关、单位和下级的信访工作；

（6）提出改进工作、完善政策和追究责任的建议；

（7）承担本级党委和政府交办的其他事项。

41. 各级党委和政府以外的其他机关、单位应履行哪些职责？

各级党委和政府以外的其他机关、单位是指除党委、政府、党委和政府信访部门以外的各级机关、单位。《信访工作条例》第十五条第一款规定：各级党委和政府以外的其他机关、单位履行下列职责：

（1）应当做好各自职责范围内的信访工作；

① 预防信访问题发生；

---

① 中央信访工作联席会议办公室，国家信访局.信访工作条例辅导读本[M].北京：中国法制出版社，2022：101.

② 处理信访问题;

③ 报告重大紧急信访事项和信访信息。

(2) 按照规定及时受理、办理信访事项;

(3) 预防和化解政策性、群体性信访问题;

(4) 加强对下级机关、单位信访工作的指导。

42. 什么是社会力量?

《信访工作条例》第十五条第二款规定:各级机关、单位应当拓宽社会力量参与信访工作的制度化渠道,发挥群团组织、社会组织和"两代表一委员"、社会工作者等作用,反映群众意见和要求,引导群众依法理性反映诉求、维护权益,推动矛盾纠纷及时有效化解。据此,社会力量包括群团组织、社会组织和"两代表一委员"、社会工作者等。

群团组织是"群众性团体组织"的简称,是当代中国社会团体的一种,包括中华全国总工会、中国共产主义青年团中央委员会、中华全国妇女联合会等人民团体和群众团体。社会组织包括基金会、社会服务机构(民办非企业单位)、社会团体。

"两代表一委员"是指党代表、人大代表、政协委员。

社会工作者简称"社工",是指在社会福利、社会救助、社会慈善、残障康复、优抚安置、医疗卫生、青少年服务、司法矫治等社会服务机构中从事专门性社会服务工作的专业技术人员。

此外,经常参与信访工作的社会力量还包括法律援助机构、相关专业人员和社会志愿者等[①]。

①中央信访工作联席会议办公室,国家信访局.信访工作条例辅导读本[M].北京:中国法制出版社,2022:117-118.

43. 各级机关、单位应当如何运用社会力量化解矛盾纠纷？

《信访工作条例》第十五条第二款规定：各级机关、单位应当拓宽社会力量参与信访工作的制度化渠道，发挥群团组织、社会组织和"两代表一委员"、社会工作者等作用，反映群众意见和要求，引导群众依法理性反映诉求、维护权益，推动矛盾纠纷及时有效化解。

2014年，中共中央办公厅、国务院办公厅印发的《关于创新群众工作方法解决信访突出问题的意见》指出，完善党代表、人大代表、政协委员联系群众制度，组织老干部、老党员、老模范、老教师、老军人等参与解决和化解信访突出问题相关工作。发挥工会、共青团、妇联等人民团体优势，做好组织引导服务群众和维护群众权益工作。制定扶持引导政策，通过政府购买服务、提供办公场所等形式，发挥好社会组织的积极作用。建立健全群众参与机制和激励机制，把群众工作触角延伸到家家户户；引导村（社区）制定符合国家法律的村规民约，运用道德、习俗、伦理的力量调节关系、化解纠纷。

44. 基层组织信访工作职责任务是什么？

《信访工作条例》第十五条第三款规定：乡镇党委和政府、街道党工委和办事处以及村（社区）"两委"应当全面发挥职能作用，坚持和发展新时代"枫桥经验"，积极协调处理化解发生在当地的信访事项和矛盾纠纷，努力做到小事不出村、大事不出镇、矛盾不上交。

45. 什么是"枫桥经验"？

1963年，浙江省诸暨县枫桥镇（今诸暨市枫桥镇）的干部群众在社会主义教育运动中，创造了"发动和依靠群众，坚持矛盾不上交，就地解决，实现捕人少、治安好"的"枫桥经验"。1963年11月，毛泽东同志作出重要批示："要各地仿效，经过试点，推广去做。"2003年11月，时任浙江省委书记的习近平同志在纪念毛泽东同志批示"枫桥经验"40周年暨创新"枫桥经验"大会上发表重要讲话，明确要求："充分珍惜、大力推广、不断创新'枫桥经验'，最大限度发挥'枫桥经验'的积极作用，促进经济、社会和人的全面发展。"[①]2013年10月9日，习近平总书记作出重要指示，要求各级党委和政府紧紧扭住做好群众工作这条主线，把"枫桥经验"坚持好、发展好，把党的群众路线坚持好、贯彻好。党的十八大以来，各地在继承的基础上创新，在积累的基础上深化，推动"枫桥经验"落地生根，从乡村"枫桥经验"衍生出城镇社区"枫桥经验"、海上"枫桥经验"、网上"枫桥经验"，从社会治安领域扩展到经济、政治、文化、社会、生态等领域。

46. 什么是"浦江经验"？

2003年9月18日，时任浙江省委书记习近平同志把金华市浦江县作为省级领导干部下访接访的第一站，开创省级领导干部下访接访的先河，"浦江经验"由此形成。"浦江经验"是领导干部接访下访群众、直接推动解决信访问题形成的好做法。经过20年坚持和发展，以"变群众上访为领导下访，深入基层，联系群众，真下真访民情，实心实意办事"为主要内容的"浦江经验"创造了密切党群干群关系、提升干部能力作风、加强基层治理的生动实践。

[①] 中央信访工作联席会议办公室，国家信访局.信访工作条例辅导读本[M].北京：中国法制出版社，2022：124.

47. 什么是"龙山经验"？

"龙山经验"发源于浙江省永康市龙山镇，是根植于乡镇一级的一整套行之有效的诉源治理方法，是在党的领导下、依靠群众力量、充分发挥法庭功能而构建的以"调解先行、诉讼断后、分层过滤"为特征的诉源治理机制，是人民法院在习近平新时代中国特色社会主义思想指导下开创的基层法治建设经验。"龙山经验"的本质在于全面贯彻落实宪法法律和党内法规精神，即一方面保障宪法法律在基层得到有效的实施，另一方面保障《中国共产党党章》《中国共产党政法工作条例》等党内法规制度体系在基层得到有效落实。"龙山经验"是充分吸收人民群众智慧而开创出的诉源治理经验。它强调充分发挥人民法庭的审判与调解功能，是人民法庭积极参与基层社会治理现代化、推进中国特色社会主义基层法治体系建设的地方实践样本。

48. 什么是"普陀模式"？

近年来，浙江省舟山市普陀区坚持把非诉讼纠纷解决机制挺在前面，大力推进诉源治理，主动将纠纷化解工作融入党委、政府领导的社会治理大格局中。通过对诉讼案件解纷模式流程再造，将调解作为前置必备程序，引导案件诉前分流，能调尽调，调解不成的通过诉讼化解，从源头上减少诉讼增量，不断畅通群众纠纷解决渠道，切实把矛盾解决在萌芽状态、化解在基层，形成了较为完善的"普陀模式"。"普陀模式"是县域一级的基层社会治理模式。

49. 什么是诉源治理？

诉源治理是社会治理的重要组成部分，是以预防和解决纠纷为主要职能的基层司法，担负着基层社会治理社会化、法治化、智能化、专业化实践的引领性和建构性功能，推动以"源头预防为先，非诉机制挺前，法院裁判终局"为核心的诉源治理新实践。

诉源治理是新时代"枫桥经验"的延伸，诉源治理将司法触角延伸至基层，预防基层矛盾纠纷激化。诉源治理，就是从源头上化解纠纷矛盾，推动更多法治力量向引导和疏导端用力。

50. 各级党委和政府有哪些措施支持保障信访工作？

《信访工作条例》第十六条规定：各级党委和政府应当加强信访部门建设，选优配强领导班子，配备与形势任务相适应的工作力量，建立健全信访督查专员制度，打造高素质专业化信访干部队伍。各级党委和政府信访部门主要负责同志应当由本级党委或者政府副秘书长〔办公厅（室）副主任〕兼任。

各级党校（行政学院）应当将信访工作作为党性教育内容纳入教学培训，加强干部教育培训。

各级机关、单位应当建立健全年轻干部和新录用干部到信访工作岗位锻炼制度。

各级党委和政府应当为信访工作提供必要的支持和保障，所需经费列入本级预算。

51. 年轻干部和新录用干部到信访工作岗位锻炼制度有法律依据吗？

《信访工作条例》第十六条规定：各级机关、单位应当建立健全年轻干部和新录用干部到信访工作岗位锻炼制度。《公务员法》第七十二条规定：根据工作需要，机关可以采取挂职方式选派公务员承担重大工程、重大项目、重点任务或者其他专项工作。

52. 信访工作所需经费列入各级党委和政府本级预算有法律依据吗？

《信访工作条例》第十六条规定：各级党委和政府应当为信访工作提供必要的支持和保障，所需经费列入本级预算。《预算法》第二十七条规定：一般公共预算支出按照其功能分类，包括一般公共服务支出，外交、公共安全、国防支出，农业、环境保护支出，教育、科技文化、卫生、体育支出，社会保障及就业支出和其他支出。一般公共预算支出按照其经济性质分类，包括工资福利支出、商品和服务支出、资本性支出和其他支出。

第四章 信访事项的提出和受理

53. 信访人可以采用哪些方式提出信访事项？

《信访工作条例》第十七条规定：公民、法人或者其他组织可以采用信息网络、书信、电话、传真、走访等形式，向各级机关、单位反映情况，提出建议、意见或者投诉请求，有关机关、单位应当依规依法处理。

信访事项的提出一般有信息网络、书信、电话、传真、走访等基本形式。信息网络形式，是指信访人通过互联网服务平台或指定的互联网页面、手机 App 客户端、微信公众号、电子邮件等提出信访事项。书信形式，是指信访人以信函的方式提出信访事项。电话形式，是指信访人通过电话的方式口头提出信访事项。传真形式，是指信访人将信访事项以电话传真的形式向有关机关、单位发送提出。走访形式，是指信访人本人或委托他人到有关机关、单位设立或指定的信访接待场所面对面交谈，提出信访事项。

《信访工作条例》倡导信访人采用书面形式提出信访事项。《信访工作条例》第十九条明确规定，信访人一般应当采用书面形式提出信访事项。书面形式一般包括信息网络、书信、传真等。

54. 信访人提出信访事项有什么要求?

（1）信访人提出信访事项的要求。

① 完整性要求。《信访工作条例》第十九条第一款规定：信访事项一般应载明信访人姓名(名称)、住址和请求、事实、理由。

② 真实性要求。《信访工作条例》第十九条第二款规定：信访人提出信访事项，应当客观真实，对其所提供材料内容的真实性负责，不得捏造、歪曲事实，不得诬告、陷害他人。

《中华人民共和国宪法》第四十一条第一款规定：中华人民共和国公民对于任何国家机关和国家工作人员，有提出批评和建议的权利；对于任何国家机关和国家工作人员的违法失职行为，有向有关国家机关提出申诉、控告或者检举的权利，但是不得捏造或者歪曲事实进行诬告陷害。

《中华人民共和国刑法》第二百四十三条第一款规定：捏造事实诬告陷害他人，意图使他人受刑事追究，情节严重的，处三年以下有期徒刑、拘役或者管制；造成严重后果的，处三年以上十年以下有期徒刑。

③ 禁止性要求。根据《信访工作条例》第二十六条规定，信访人在信访过程中应当遵守法律、法规，不得损害国家、社会、集体的利益和其他公民的合法权利，自觉维护社会公共秩序和信访秩序，不得有下列行为：在机关、单位办公场所周围、公共场所非法聚集，围堵、冲击机关、单位，拦截公务车辆，或者堵塞、阻断交通；携带危险物品、管制器具；侮辱、殴打、威胁机关、单位工作人员，非法限制他人人身自由，或者毁坏财物；在信访接待场所滞留、滋事，或者将生活不能自理的人弃留在信访接待场所；煽动、串联、胁迫、以财物诱使、幕后操纵他人信访，或者以信访为名借机敛财；其他扰乱公共秩序、妨害国

家和公共安全的行为。

（2）对以走访形式提出信访事项的要求。

①对走访层级和场所的规定。《信访工作条例》第二十条第一款规定：信访人采用走访形式提出信访事项的，应当到有权处理的本级或者上一级机关、单位设立或者指定的接待场所提出。

②对走访性质的规定。《信访工作条例》第二十条第二款规定：信访人采用走访形式提出涉及诉讼权利救济的信访事项，应当按照法律法规规定的程序向有关政法部门提出。

③对走访人数的规定。《信访工作条例》第二十条第三款规定：多人采用走访形式提出共同的信访事项的，应当推选代表，代表人数不得超过5人。

55. 各级机关单位应如何落实属地责任?

《信访工作条例》第二十条第四款规定：各级机关、单位应当落实属地责任，认真接待处理群众来访，把问题解决在当地，引导信访人就地反映问题。

56. 什么是煽动、串联、胁迫、以财物诱使、幕后操纵他人信访?

所谓"煽动他人信访"，是指组织、鼓动他人信访，借机制造事端。所谓"串联他人信访"，是指联络、组织不同地区、不同行业的人进行信访，以便制造声势，向有关机关、单位施加压力。所谓"胁迫他人信访"，是指通过言语、行为等方式向他人施加压力，迫使他人进行信访。所谓"以财物诱使他人信访"是指通过向他人提供或者允诺提供钱财或者物品等方式，引诱他人进行信访。所谓"幕后操纵他人信访"，是指在背后策划、操纵、指使他人信访。所谓"以信访为名借机敛财"，是指通过向他人许诺自己可以通过信访帮助别人解决问题等为借口，向他人收取金钱、财物。

57. 对于信访人捏造事实诬告陷害他人行为，法律有何规定？

《信访工作条例》第十九条第二款规定：信访人提出信访事项，应当客观真实，对其所提供材料内容的真实性负责，不得捏造、歪曲事实，不得诬告、陷害他人。

《信访工作条例》第四十七条第三款规定：信访人捏造歪曲事实、诬告陷害他人，构成违反治安管理行为的，依法给予治安管理处罚；构成犯罪的，依法追究刑事责任。

《宪法》《民法典》《刑法》对此也有明确规定。

（1）《宪法》第三十八条规定：中华人民共和国公民的人格尊严不受侵犯。禁止用任何方法对公民进行侮辱、诽谤和诬告陷害。

（2）《民法典》第一千零二十四条规定：民事主体享有名誉权。任何组织或者个人不得以侮辱、诽谤等方式侵害他人的名誉权。

（3）《刑法》第二百四十三条规定：捏造事实诬告陷害他人，意图使他人受刑事追究，情节严重的，处三年以下有期徒刑、拘役或者管制；造成严重后果的，处三年以上十年以下有期徒刑。

国家机关工作人员犯前款罪的，从重处罚。

58. 什么是集会、示威和游行？

《中华人民共和国集会游行示威法》第二条规定：在中华人民共和国境内举行集会、游行、示威，均适用本法。本法所称集会，是指聚集于露天公共场所，发表意见、表达意愿的活动。本法所称游行，是指在公共道路、露天公共场所列队行进、表达共同意愿的活动。本法所称示威，是指在露天公共场所或者公共道路上以集会、游行、静坐等方式，表达要求、抗议或者支持、声援等共同意愿的活动。

《中华人民共和国集会游行示威法》第七条规定：举行集会、游行、示威，必须依照本法规定向主管机关提出申请并获得许可。

59. 处理信访人"六个不得"行为有哪些法律依据？

（1）关于在机关、单位办公场所周围、公共场所非法聚集，围堵、冲击机关、单位，拦截公务车辆，或者堵塞、阻断交通的行为。处理该种行为的主要法律依据是《中华人民共和国治安管理处罚法》第二十三条，《中华人民共和国刑法》第二百九十条、第二百九十一条等。

（2）关于携带危险物品、管制器具的行为。处理该种行为的主要法律依据是《中华人民共和国治安管理处罚法》第三十条、第三十二条，《中华人民共和国刑法》第一百三十条等。

（3）关于侮辱、殴打、威胁机关、单位工作人员，非法限制他人人身自由，或者毁坏财物的行为。处理该种行为的主要法律依据是《中华人民共和国治安管理处罚法》第四十条、第四十二条、第四十三条、第四十九条，《中华人民共和国刑法》第二百三十四条、第二百三十八条、第二百四十六条、第二百七十五条等。

（4）关于在信访接待场所滞留、滋事，或者将生活不能自理的人弃留在信访接待场所的行为。处理该种行为的主要法律依据是《中华人民共和国治安管理处罚法》第二十三条等。

（5）关于煽动、串联、胁迫、以财物诱使、幕后操纵他人信访，或者以信访为名借机敛财的行为。处理该种行为的主要法律依据是《中华人民共和国治安管理处罚法》第二十三条,《中华人民共和国刑法》第二百九十条等。

（6）关于其他扰乱公共秩序、妨害国家和公共安全的行为。处理该种行为的主要法律依据是《中华人民共和国治安管理处罚法》第三章第一、二、四节,《中华人民共和国刑法》分则第一章、第二章、第六章。

60. 什么是非正常上访?

非正常上访也称非访、异常访、违法上访,是指信访人不到指定的场所和按规定的逐级信访程序到有权处理信访事项的机关、单位提出诉求,而是采取蓄意的、过激的、相关法律法规明确限制或禁止的方式,以集体访、闹访、缠访、越级访形态出现的影响党政机关办公秩序,损害社会治安秩序,妨害国家安全和公共安全等行为均属非正常上访。根据《信访工作条例》相关规定,信访是法律法规赋予公民的正当权利,但是应该正确、合法行使。正当信访和非正常上访的界限就在于是否侵害了他人权利,是否扰乱了政府行政管理、社会公共秩序。如果侵害他人权利、扰乱公共秩序,甚至损害国家形象的话,就属于非正常上访。这种越级的、过激的上访方式,不但不能解决问题,反而会触犯法律。

61. 《信访工作条例》对走访层级有哪些规定?

《信访工作条例》第二十条第一款规定:信访人采用走访形式提出信访事项的,应当到有权处理的本级或者上一级机关、单位提出。

62. 信访人在设立或指定的场所之外反映问题，有关机关、单位应该受理吗？

《信访工作条例》第十八条第一款规定，各级机关、单位应当向社会公布网络信访渠道、通信地址、咨询投诉电话、信访接待的时间和地点，所以，各级机关、单位设立或指定接待场所是法律法规规定的。《信访工作条例》第二十条第一款规定：信访人采用走访形式提出信访事项的，应当到有权处理的本级或者上一级机关、单位设立或者指定的接待场所提出。

信访人为了维护自己权益，采取到机关、单位门前或公共场所等非设立或非指定接待场所上访，不符合《信访工作条例》的规定。信访人在设立或指定场所之外提出的信访事项，有关机关、单位不予受理。

63. 什么是集体访？处理原则是什么？

"集体访"，也称"群体访"，即集合多人到同一机关、单位反映共同意见和要求的群体上访行为。《信访工作条例》的"多人"，通常是指 5 人以上。集体访反映的问题，大多是同一地区或部门所发生的、涉及群众共同切身利益或同一愿望的问题。集体访既是信访活动中的一种特殊形式，又是一种常见的社会现象。

处理集体访，要遵循三条基本原则：一是治本控源，超前化解于萌芽状态；二是实事求是，妥善处理于事中，切实解决好实际问题，防止激化；三是从快落实，跟踪督查于后，取信于民，避免反复。

64. 什么是越级访？应如何处理？

根据《信访工作条例》和《国家信访局关于进一步规范信访事项受理办理程序引导来访人依法逐级走访的办法》，信访人采用走访形式提出信访事项，应当向有权处理的本级或上一级机关、单位提出。跨越本级和上一级机关、单位，向更高层级的机关、单位提出信访事项的活动即为越级访。

对已发生的越级访，上级机关、单位和工作人员，应当根据《信访工作条例》的规定，按照"属地管理、分级负责，谁主管、谁负责"的原则，直接转送有权处理的机关、单位处理。

65. 什么是紧急访？应如何处理？

紧急访是指有可能很快造成社会负面影响的重要信访问题。紧急访有两种：一种是信访人自身处境险恶，希望得到帮助；另一种是信访人反映已经或即将发生危害社会的事端。

紧急访的处理，要按照"越快越好"的原则办理，力求做到"三及时"，即：一要及时发现。对信访人反映的危急事项，要作简单记录，并立即通过电话核实，尽快弄清真相，同时要求信访人继续注意观察险情的变化动向，随时提供新的情况。二要及时报告。即将信访人反映并经初步核实的情况，及时向上级报告，并通报给有关机关、单位。三要及时处理。即一方面，建议上级立即组织力量调查处理，依法采取果断措施；另一方面委托有关机关、单位，采取紧急措施控制事态发展。如信访人的人身安全可能受到威胁时，要迅速采取必要的保护措施。

66. 什么是多家访？应如何处理？

多家访是指信访人反映的问题，涉及两个以上机关、单位。

处理涉及多个机关、单位的信访事项，要按照《信访工作条例》第二十四条的规定办理：

涉及两个或者两个以上机关、单位的信访事项，由所涉及的机关、单位协商受理；受理有争议的，由其共同的上一级机关、单位决定受理机关；受理有争议且没有共同的上一级机关、单位的，由共同的信访工作联席会议协调处理。

应当对信访事项作出处理的机关、单位分立、合并、撤销的，由继续行使其职权的机关、单位受理；职责不清的，由本级党委和政府或者其指定的机关、单位受理。

67. 信访人采用走访形式提出信访事项应当注意什么？

《信访工作条例》规定，信访人采用走访形式提出信访事项，应当注意以下几点：

（1）信访人采用走访形式提出信访事项的，应当到有权处理的本级或者上一级机关、单位设立或者指定的接待场所提出。

（2）信访人采用走访形式提出涉及诉讼权利救济的信访事项，应当按照法律法规规定的程序向有关政法部门提出。

（3）多人采用走访形式提出共同的信访事项的，应当推选代表，代表人数不得超过5人。

68. 5 人以上就同一问题采用信息网络、书信、传真等形式提出信访事项的，需要推选代表吗？

《信访工作条例》第二十条第三款规定：多人采用走访形式提出共同的信访事项的，应当推选代表，代表人数不得超过 5 人。这里不超过 5 人的规定，是指通过走访形式提出信访事项。如果通过信息网络、书信、传真等形式提出信访事项，比如写联名信，就可以不推选代表，不受人数的限制。

69. 有哪些措施可保障信访渠道畅通？

（1）建立健全信访渠道信息公开制度。

《信访工作条例》第十八条第一款规定：各级机关、单位应当向社会公布网络信访渠道、通信地址、咨询投诉电话、信访接待的时间和地点、查询信访事项处理进展以及结果的方式等相关事项，在其信访接待场所或者网站公布与信访工作有关的党内法规和法律、法规、规章，信访事项的处理程序，以及其他为信访人提供便利的相关事项。

（2）建立健全领导干部亲自处理信访事项制度。

《信访工作责任制实施办法》第四条第三款规定：各级领导干部应当阅批群众来信和网上信访，定期接待群众来访，协调处理疑难复杂信访问题。《信访工作条例》第十八条第二款规定：各级机关、单位领导干部应当阅办群众来信和网上信访、定期接待群众来访、定期下访，包案化解群众反映强烈的突出问题。

（3）建立和完善联合接访工作机制。

《信访工作条例》第十八条第三款规定：市、县级党委和政府应当建立和完善联合接访工作机制，根据工作需要组织有关机关、单位联合接待，一站式解决信访问题。

（4）明确不得打击报复信访人的要求。

《信访工作条例》第十八条第四款规定：任何组织和个人不得打击报复信访人。

70. 信访渠道信息公开的主体、内容和方式是什么？

《信访工作条例》第十八条第一款规定：各级机关、单位应当向社会公布网络信访渠道、通信地址、咨询投诉电话、信访接待的时间和地点、查询信访事项处理进展以及结果的方式等相关事项，在其信访接待场所或者网站公布与信访工作有关的党内法规和法律、法规、规章，信访事项的处理程序，以及其他为信访人提供便利的相关事项。

71. 什么是信访接待日制度？

所谓信访接待日制度，是指各级机关、单位提前公布其负责人协调处理信访人当面反映信访事项的日期，以方便信访人反映信访事项的制度。

72. 对领导干部定期接访下访有哪些具体要求？

《信访工作条例》第十八条第二款规定：各级机关、单位领导干部应当阅办群众来信和网上信访、定期接待群众来访、定期下访，包案化解群众反映强烈的突出问题。

中共中央办公厅、国务院办公厅《关于创新群众工作方法解决信访突出问题的意见》以及国家信访局《关于进一步加强和规范联合接访工作的意见》等对领导干部定期接访下访提出了具体要求。

（1）在工作机制上，要求把领导干部定期接访下访作为党员干部直接联系群众的一项重要制度，与下基层调查研究、深入联系点、扶贫帮困等结合起来，提高工作实效①。

（2）在时间安排上，要求省级领导干部每半年至少1 天、市厅级领导干部每季度至少1 天、县（市、区、旗）领导干部每月至少1 天、乡镇（街道）领导干部每周至少1 天到信访接待场所，按照属地管理、分级负责的原则接待群众来访。

（3）在方式方法上，在坚持定点接访的同时，更多采取重点约访、专题接访、带案下访、下基层接访、领导包案等方式，把资源集中用于解决重大疑难复杂问题、检验施政得失、完善政策措施、加强督查问效上②。

（4）在管理措施上，接访领导干部的姓名、职务、分管工作及接访时间，在当地新闻媒体和联合接待场所提前向社会公布；建立工作台账，明确承办单位和责任人，以便督办落实；对疑难复杂信访事项，按照"谁主管、谁负责""一岗双责"的要求，由相关领导干部带案下访、协调化解，做好思想疏导工作。化解情况要通过适当方式予以公开，接受群众监督。

73. 什么是领导干部带案下访？

所谓"带案下访"，就是各级机关、单位领导干部根据信访部门提供或自己确定的重点信访案件，按照"属地管理、分级负责，谁主管、谁负责"的原则，深入基层，深入群众，整合各有关机关、单位和社会力量，从调查核实、教育疏导、化解矛盾，到督促协调、解决问题、维护稳定的各个环节，都直接参与和督办指导，推动信访问题有效解决，实现"案

---

①中央信访工作联席会议办公室，国家信访局.信访工作条例辅导读本[M].北京：中国法制出版社，2022：141.

②中央信访工作联席会议办公室，国家信访局.信访工作条例辅导读本[M].北京：中国法制出版社，2022：141.

结事了"。

74. 市、县级党委和政府应当建立怎样的工作机制以解决群众信访问题?

《信访工作条例》第十八条第三款规定：市、县级党委和政府应当建立和完善联合接访工作机制，根据工作需要组织有关机关、单位联合接待，一站式解决信访问题。

75. 什么是打击报复? 法律法规有哪些规定?

《信访工作条例》第十八条第四款规定：任何组织和个人不得打击报复信访人。所谓打击报复，是指机关、单位工作人员滥用职权、假公济私，直接或间接损害信访人的人身权利、财产权利、民主权利及其他合法权利的行为。

我国宪法第四十一条规定：中华人民共和国公民对于任何国家机关和国家工作人员，有提出批评和建议的权利；对于任何国家机关和国家工作人员的违法失职行为，有向有关国家机关提出申诉、控告或者检举的权利，但是不得捏造或者歪曲事实进行诬告陷害。对于公民的申诉、控告或者检举，有关国家机关必须查清事实，负责处理。任何人不得压制和打击报复。

我们党和政府历来坚决反对打击报复信访群众。1981 年 5 月，中共中央办公厅发出《关于防止和纠正对待人民群众来信来访进行打击报复问题的通知》，通知要求，要防止打击报复和诬陷诬告两种现象的发生，切实保证信访渠道畅通。2004 年 3 月，国务院《全面推进依法行政实施纲要》明确提出："切实解决人民群众通过信访举报反映的问题。要完善信访制度，及时办理信访事项，切实保障信访人、举报人的权利和人身安全。任何行政机关和个人不得以任何理由或者借口压制、限制人民群众信访和举报，不得打击报复信访和举报人员，不得将信访、举报材料及有关情况透露或者转送给被举报人。"

因此，任何机关、单位及其工作人员都不得阻碍、干涉、压制信访人依法进行的信访活动，不得打击报复信访人。

76. 对于信访人以口头形式提出的信访事项有什么要求?

《信访工作条例》第十九条第一款规定：对采用口头形式提出的信访事项，有关机关、单位应当如实记录。

77. 信访人一般应以什么方式提出信访事项?

《信访工作条例》第十九条第一款明确规定：信访人一般应当采用书面形式提出信访事项，并载明其姓名（名称）、住址和请求、事实、理由。书面形式包括信息网络、书信、传真等。

78. 什么是信访事项受理程序?

信访受理，是指各级机关、单位对收到的信访事项进行登记、甄别，按照职责权限依法进行处理。按受理的主体划分，包括信访部门的受理和有权处理机关、单位的受理。

《信访工作条例》第十四条规定：各级党委和政府信访部门是开展信访工作的专门机构，履行受理、转送、交办信访事项的职责。与有权处理机关、单位相比，信访部门的受理属于程序性受理，主要是将信访事项转送至有权处理机关、单位。有权处理机关、单位的受理属于实体性受理。

79. 什么是信访登记?

《信访工作条例》第二十二条、第二十三条分别规定:各级党委和政府信访部门收到信访事项,应当予以登记;党委和政府信访部门以外的其他机关、单位收到信访人直接提出的信访事项,应当予以登记。

80. 党委和政府信访部门如何处理收到的信访事项?

《信访工作条例》第二十二条规定:各级党委和政府信访部门收到信访事项,应当予以登记,并区分情况,在15日内分别按照下列方式处理:

(1)对依照职责属于本级机关、单位或者其工作部门处理决定的,应当转送有权处理的机关、单位;情况重大、紧急的,应当及时提出建议,报请本级党委和政府决定。

(2)涉及下级机关、单位或者其工作人员的,按照"属地管理、分级负责,谁主管、谁负责"的原则,转送有权处理的机关、单位。

(3)对转送信访事项中的重要情况需要反馈办理结果的,可以交由有权处理的机关、单位办理,要求其在指定办理期限内反馈结果,提交办结报告。

各级党委和政府信访部门对收到的涉法涉诉信件,应当转送同级政法部门依法处理;对走访反映涉诉问题的信访人,应当释法明理,引导其向有关政法部门反映问题。对属于纪检监察机关受理的检举控告类信访事项,应当按照管理权限转送有关纪检监察机关依规依纪依法处理。

81. 党委和政府信访部门以外的其他机关、单位如何处理信访人直接提出的信访事项？

《信访工作条例》第二十三条规定：党委和政府信访部门以外的其他机关、单位收到信访人直接提出的信访事项，应当予以登记；对属于本机关、单位职权范围的，应当告知信访人接收情况以及处理途径和程序；对属于本系统下级机关、单位职权范围的，应当转送、交办有权处理的机关、单位，并告知信访人转送、交办去向；对不属于本机关、单位或者本系统职权范围的，应当告知信访人向有权处理的机关、单位提出。

对信访人直接提出的信访事项，有关机关、单位能够当场告知的，应当当场书面告知；不能当场告知的，应当自收到信访事项之日起15日内书面告知信访人，但信访人的姓名（名称）、住址不清的除外。

对党委和政府信访部门或者本系统上级机关、单位转送、交办的信访事项，属于本机关、单位职权范围的，有关机关、单位应当自收到之日起15日内书面告知信访人接收情况以及处理途径和程序；不属于本机关、单位或者本系统职权范围的，有关机关、单位应当自收到之日起5个工作日内提出异议，并详细说明理由，经转送、交办的信访部门或者上级机关、单位核实同意后，交还相关材料。

政法部门处理涉及诉讼权利救济事项、纪检监察机关处理检举控告事项的告知按照有关规定执行。

82. 各级机关、单位收到信访事项后，应该在几日内作出处理？

《信访工作条例》第二十二条规定：各级党委和政府信访部门收到信访事项，应当予以登记，并区分情况，在 15 日内作出处理。

《信访工作条例》第二十三条规定：党委和政府信访部门以外的其他机关、单位收到信访人直接提出的信访事项，有关机关、单位能够当场告知的，应当当场书面告知；不能当场告知的，应当自收到信访事项之日起 15 日内书面告知信访人，但信访人的姓名（名称）、住址不清的除外。

对党委和政府信访部门或者本系统上级机关、单位转送、交办的信访事项，属于本机关、单位职权范围的，有关机关、单位应当自收到之日起 15 日内书面告知信访人接收情况以及处理途径和程序；不属于本机关、单位或者本系统职权范围的，有关机关、单位应当自收到之日起 5 个工作日内提出异议，并详细说明理由，经转送、交办的信访部门或者上级机关、单位核实同意后，交还相关材料。

83. 什么是交办？有哪些要求？

《信访工作条例》第二十二条第一款规定，对转送信访事项中的重要情况需要反馈办理结果的，可以交由有权处理的机关、单位办理，要求其在指定办理期限内反馈结果，提交办结报告。

84. 什么是重复信访事项？

重复信访是指同一信访人在一定时期两次以上提出同一信访事项的行为。分为不予受理的重复信访和不再受理的重复信访。

《信访工作条例》第十九条第三款规定：信访事项已经受理或者正在办理的，信访人在规定期限内向受理、办理机关、单位的上级机关、单位又提出同一信访事项的，上级机关、单位不予受理。因此，信访人在 60 日内向正在受理、办理机关的上级机关、单位提出同一信访事项的，应视为不予受理重复信访。《信访工作条例》第三十六条第三款规定：信访人对复核意见不服，仍然以同一事实和理由提出投诉请求的，各级党委和政府信访部门和其他机关、单位不再受理。若信访人对复核意见不服，仍以同一事实和理由提出投诉请求的，应视为不再受理的重复信访。

重复信访事项的认定以信访人和信访事项均相同为标准。

85. 纪检监察机关对信访事项受理范围有哪些规定？

（1）纪检监察机关受理信访事项的范围。

《纪检监察机关处理检举控告工作规则》第四条规定：任何组织和个人对以下行为，有权向纪检监察机关提出检举控告：

① 党组织、党员违反政治纪律、组织纪律、廉洁纪律、群众纪律、工作纪律、生活纪律等党的纪律行为；

② 监察对象不依法履职，违反秉公用权、廉洁从政从业以及道德操守等规定，涉嫌贪污贿赂、滥用职权、玩忽职守、权力寻租、利益输送、徇私舞弊以及浪费国家资财等职务违法、职务犯罪行为；

③ 其他依照规定应当由纪检监察机关处理的违纪违法行为。

（2）纪检监察机关不予受理信访事项的范围。

《纪检监察机关处理检举控告工作规则》第十三条规定：纪检监察机关对反映的以下事项，不予受理：

① 已经或者依法应当通过诉讼、仲裁、行政裁决、行政复议等途径解决的；

② 依照有关规定，属于其他机关或者单位职责范围的；

③ 仅列举出违纪或者职务违法、职务犯罪行为名称但无实质内容的。

86. 各级党委和政府信访部门对收到的检举控告类信访事项如何处理？

各级党委和政府信访部门对收到的检举控告类信访事项有两种处理方式：一是根据《信访工作条例》第二十二条第二款的规定，对属于纪检监察机关受理的检举控告类信访事项，应当按照管理权限转送有关纪检监察机关依规依纪依法处理。二是根据《信访工作条例》第三十条第二款的规定，党委和政府信访部门应当按照干部管理权限向组织（人事）部门通报反映干部问题的信访情况，重大情况向党委主要负责同志和分管组织（人事）工作的负责同志报送。组织（人事）部门应当按照干部选拔任用监督的有关规定进行办理。

《中国共产党党内监督条例》第二十九条规定：认真处理信访举报，做好问题线索分类处置，早发现早报告，对社会反映突出、群众评价较差的领导干部情况及时报告，对重要检举事项应当集体研究。定期分析研判信访举报情况，对信访反映的典型性、普遍性问题提出有针对性的处置意见，督促信访举报比较集中的地方和部门查找分析原因并认真整改。

《中国共产党纪律检查机关监督执纪工作规则》第二十条第一款规定：纪检监察机关应当加强对问题线索的集中管理、分类处置定期清理。信访举报部门归口受理同级党委管理的党组织和党员、干部及监察对象涉嫌违纪或者职务违法、职务犯罪问题的信访举报，统一接收有关纪检监察机关、派驻或者派出机构以及其他单位移交的相关信访举报，移送本机关有关部门，深入分析信访形势，及时反映损害群众最关心、最直接、最现实的利益问题。

《党政领导干部选拔任用工作条例》第六十三条规定：实行地方党委组织部门和纪检监察、巡视巡察、机构编制、审计、信访等有关机构联席会议制度，就加强对干部选拔任用工作的监督，沟通信息、交流情况研究问题，提出意见和建议。联席会议由组织部门召集。

《信访工作责任制实施办法》第十条第二款规定：各级组织人事部门在干部考察工作中，应当听取信访部门意见，了解掌握领导干部履行信访工作职责情况。

87. 信访部门以外的其他机关、单位对收到信访事项的处理程序是什么？

《信访工作条例》第二十三条第一款规定：对属于本机关、单位职权范围的，应当告知信访人接收情况以及处理途径和程序。本款的"处理途径和程序"，就是指《信访工作条例》第三十一条规定的六种方式。

《信访工作条例》第三十一条规定：对信访人提出的申诉求决类事项，有权处理的机关、单位应当区分情况，分别按照下列方式办理：

（1）应当通过审判机关诉讼程序或者复议程序、检察机关刑事立案程序或者法律监督程序、公安机关法律程序处理的，涉法涉诉信访事项未依法终结的，按照法律法规规定的程序处理。

（2）应当通过仲裁解决的，导入相应程序处理。

（3）可以通过党员申诉、申请复审等解决的，导入相应程序处理。

（4）可以通过行政复议、行政裁决、行政确认、行政许可、行政处罚等行政程序解决的，导入相应程序处理。

（5）属于申请查处违法行为、履行保护人身权或者财产权等合法权益职责的，依法履行或者答复。

（6）不属于以上情形的，应当听取信访人陈述事实和理由，并调查核实，出具信访处理意见书。对重大、复杂、疑难的信访事项，可以举行听证。

88. 什么是听证？如何组织听证？

听证是指行政机关在作出有关行政决定之前，听取行政相对人陈述、申辩、质证的程序。听证是听取利害关系人的意见的重要法律程序。

《中华人民共和国行政处罚法》第六十三条规定：行政机关拟作出下列行政处罚决定，应当告知当事人有要求听证的权利，当事人要求听证的，行政机关应当组织听证：

（1）较大数额罚款；

（2）没收较大数额违法所得、没收较大价值非法财物；

（3）降低资质等级、吊销许可证件；

（4）责令停产停业、责令关闭、限制从业；

（5）其他较重的行政处罚；

（6）法律、法规、规章规定的其他情形。

当事人不承担行政机关组织听证的费用。

《中华人民共和国行政处罚法》第六十四条规定，听证应当依照以下程序组织：

（1）当事人要求听证的，应当在行政机关告知后五日内提出；

（2）行政机关应当在举行听证的七日前，通知当事人及有关人员听证的时间、地点；

（3）除涉及国家秘密、商业秘密或者个人隐私依法予以保密外，听证公开举行；

（4）听证由行政机关指定的非本案调查人员主持；当事人认为主持人与本案有直接利害关系的，有权申请回避；

（5）当事人可以亲自参加听证，也可以委托一至二人代理；

（6）当事人及其代理人无正当理由拒不出席听证或者未经许可中途退出听证的，视为放弃听证权利，行政机关终止听证；

（7）举行听证时，调查人员提出当事人违法的事实、证据和行政处罚建议，当事人进行申辩和质证；

（8）听证应当制作笔录。笔录应当交当事人或者其代理人核对无误后签字或者盖章。当事人或者其代理人拒绝签字或者盖章的，由听证主持人在笔录中注明。

89. 什么是信访听证？与听证有什么区别？

信访听证，是指国家机关以听证会的形式，通过质询、辩论、评议、合议等方式，查明事实，分清责任，依法处理信访问题的程序。

信访听证是狭义的听证，介于行政立法听证和行政执法听证之间，目的是了解和调查信访事项的真实情况，也对有关法律问题进行辩论和讨论。需要注意的是，信访听证与一般的听证不存在替代关系，信访听证是为了解决信访所涉及的"重大、复杂、疑难"事项，既不是重大决策和立法听证，也不是行政执法听证，而是为了更好地解决信访事项而由信访部门做主持人，中立、公正主持听证程序的过程。

90. 信访事项出现管辖权争议时，如何处理？

《信访工作条例》第二十四条第一款规定：涉及两个或者两个以上机关、单位的信访事项，由所涉及的机关、单位协商受理；受理有争议的，由其共同的上一级机关、单位决定受理机关；受理有争议且没有共同的上一级机关、单位的，由共同的信访工作联席会议协调处理。

91. 有权处理的机关、单位分立、合并、撤销的，信访事项如何处理？

《信访工作条例》第二十四条第二款规定：应当对信访事项作出处理的机关、单位分立、合并、撤销的，由继续行使其职权的机关、单位受理；职责不清的，由本级党委和政府或者其指定的机关、单位受理。

92. 什么是重大、紧急信访事项和信访信息？对于重大、紧急信访事项和信访信息如何处理？

重大、紧急信访事项和信访信息，主要是指涉及面广、社会影响大或者事件紧急，以及有可能出现群体性事件或者过激行为等的信访事项和信息，如果不及时采取应急措施予以处理，就可能造成恶劣的社会影响、巨大的损失或者严重影响社会稳定。

《信访工作条例》第二十五条规定：各级机关、单位对可能造成社会影响的重大、紧急信访事项和信访信息，应当及时报告本级党委和政府，通报相关主管部门和本级信访工作联席会议办公室，在职责范围内依法及时采取措施，防止不良影响的产生、扩大。

地方各级党委和政府信访部门接到重大、紧急信访事项和信访信息，应当向上一级信访部门报告，同时报告国家信访局。

93. 信访人在信访过程中不得有哪些行为？

《信访工作条例》第二十六条规定：信访人在信访过程中应当遵守法律、法规，不得损害国家、社会、集体的利益和其他公民的合法权利，自觉维护社会公共秩序和信访秩序，不得有下列行为：

（1）在机关、单位办公场所周围、公共场所非法聚集，围堵、冲击机关、单位，拦截公务车辆，或者堵塞、阻断交通。

（2）携带危险物品、管制器具。

（3）侮辱、殴打、威胁机关、单位工作人员，非法限制他人人身自由，或者毁坏财物。

（4）在信访接待场所滞留、滋事，或者将生活不能自理的人弃留在信访接待场所。

（5）煽动、串联、胁迫、以财物诱使、幕后操纵他人信访，或者以信访为名借机敛财。

（6）其他扰乱公共秩序、妨害国家和公共安全的行为。

第五章　信访事项的办理

94. 什么是"三到位一处理"？

《信访工作条例》第二十七条规定：各级机关、单位及其工作人员应当根据各自职责和有关规定，按照诉求合理的解决问题到位、诉求无理的思想教育到位、生活困难的帮扶救助到位、行为违法的依法处理的要求，依法按政策及时就地解决群众合法合理诉求，维护正常信访秩序。信访实践中简称"三到位一处理"，这是对信访工作的基本要求。

95. 办理信访事项应该遵守哪些规定？

（1）不得打击报复的规定

《信访工作条例》第十八条第四款规定：任何组织和个人不得打击报复信访人。第四十六条规定了对于打击报复信访人的责任追究，明确依据情节轻重，责令改正或者依规依纪依法严肃处理，构成犯罪的，依法追究刑事责任。《中华人民共和国宪法》第四十一条第一款、第二款规定：中华人民共和国公民对于任何国家机关和国家工作人员，有提出批评和建议的权利；对于任何国家机关和国家工作人员的违法失职行为，有向有关国家机关提出申诉、控告或者检举的权利，但是不得捏造或者歪曲事实进行诬告陷害。对于公民的申诉、控告或者检举，有关国家机关必须查清事实，负责处理。任何人不得压制和打击报复。

（2）恪尽职守的规定

《信访工作条例》第二十八条第一款规定：各级机关、单位及其工作人员办理信访事项，应当恪尽职守、秉公办事，查明事实、分清责任，加强教育疏导，及时妥善处理，不得推诿、敷衍、拖延。这是对信访工作的职业道德性要求。

（3）诉访分离原则

《信访工作条例》第二十八条第二款规定：各级机关、单位应当按照诉讼与信访分离制度要求，将涉及民事、行政、刑事等诉讼权利救济的信访事项从普通信访体制中分离出来，由有关政法部门依法处理。

（4）要求回避的规定

《信访工作条例》第二十八条第三款规定：各级机关、单位工作人员与信访事项或者信访人有直接利害关系的，应当回避。

（5）遵守保密的规定

《信访工作条例》第三十条第三款规定：不得将信访人的检举、揭发材料以及有关情况透露或者转给被检举、揭发的人员或者单位。

（6）按期办结的规定

《信访工作条例》第三十四条规定：对本条例第三十一条第六项规定的信访事项应当自受理之日起 60 日内办结；情况复杂的，经本机关、单位负责人批准，可以适当延长办理期限，但延长期限不得超过 30 日，并告知信访人延期理由。

96. 什么是诉讼与信访分离制度？

为把解决涉法涉诉信访问题纳入法治轨道，实现维护人民群众合法权益与维护司法权威的统一，中共中央办公厅、国务院办公厅《关于依法处理涉法涉诉信访问题的意见》提出实行诉讼与信访分离制度，把涉及民商事、行政、刑事等诉讼权利救济的信访事项从普通信访体制中分离出来，由政法部门依法处理。

《信访工作条例》第二十八条第二款明确规定：各级机关、单位应当按照诉讼与信访分离制度要求，将涉及民事、行政、刑事等诉讼权利救济的信访事项从普通信访体制中分离出来，由有关政法部门依法处理。

各级党委和政府信访部门对收到的涉法涉诉信件，应当转送同级政法部门依法处理；对走访反映涉诉问题的信访人，应当释法明理，引导其向有关政法部门反映问题。

97. 什么是信访回避制度？

信访回避制度是指各级机关、单位工作人员在办理信访事项的过程中，如果信访事项或信访人与本人有利害关系或者其他关系可能影响公正处理的，不得参与该信访事项的处理的制度。《信访工作条例》第二十八条第三款规定：各级机关、单位工作人员与信访事项或者信访人有直接利害关系的，应当回避。

98. 信访机关、单位工作人员不遵守回避规定的法律责任是什么？

信访机关、单位工作人员不遵守回避规定，构成违反纪律行为的，有关机关、单位应予以处分。《公务员回避规定（试行）》第十四条规定："公务员必须服从回避决定。无正当理由拒不服从的，应当予以免职。公务员应当主动报告应回避的情形。有需要回避的情形不及时报告或者有意隐瞒的，应当予以批评教育；影响公正执行公务，造成不良后果的，应当给予相应处分。"而违反回避制度所实施的信访处理行为可能导致处理结果无效。在处理信访事项的工作人员是信访事项的当事人时，由其作出的处理意见是无效的。

99. 什么是"三跨三分离"信访事项？

"三跨三分离"信访事项是指跨地区、跨部门、跨行业以及人事分离、人户分离、人事户分离的信访事项。（这里的"人"是指信访人，"事"是指事件发生地，"户"是指户籍所在地）

具体来说，"三跨"是指：

（1）跨地区：一件信访事项涉及两个地区，比如移民问题，就可能涉及户籍地和投靠地两个地区。

（2）跨部门：就是一个信访事项涉及两个或者多个部门。

（3）跨行业：就是一个信访事项涉及两个或者多个行业。

"三分离"是指：

（1）人事分离：人与事分属两地，如信访人在非户口所在地发生信访事项。

（2）人户分离：户籍与居住地不一致。因城市规划、危房改造、房屋出租、人口流动等原因，产生人户分离问题。

（3）人事户分离：信访事项发生地、户口所在地、居住地均不在一起。

100. 什么是建议意见类信访事项？如何办理？

建议意见类信访事项是以促进国民经济和社会发展或者改进国家机关工作以及保护社会公共利益等建议、意见为主要内容的信访事项。

《信访工作条例》第二十九条第一款规定：对信访人反映的情况、提出的建议意见类事项，有权处理的机关、单位应当认真研究论证。对科学合理、具有现实可行性的，应当采纳或者部分采纳，并予以回复。

另外，为鼓励人民群众参与治理的积极性和主动性，《信访工作条例》第二十九条第二款对建议意见类事项的表彰奖励作出明确规定：信访人反映的情况，提出的建议意见，对国民经济和社会发展或者对改进工作以及保护社会公共利益有贡献的，应当按照有关规定给予奖励。

101. 各级党委和政府应当主动听取群众的建议、意见吗？

《宪法》第二十七条第二款规定：一切国家机关和国家工作人员必须依靠人民的支持，经常保持同人民的密切联系，倾听人民的意见和建议，接受人民的监督，努力为人民服务。《信访工作条例》第二十九条第三款规定：各级党委和政府应当健全人民建议征集制度，对涉及国计民生的重要工作，主动听取群众的建议意见。

102. 什么是人民建议征集制度？

人民建议征集制度是一种通过向人民征集意见和建议，以便各级党委和政府能更好地了解和回应人民需求的机制。通过这个制度，各级党委和政府可以主动征集人民的意见，了解他们对政策和措施的看法，有利于各级党委和政府更科学地制定政策，提高决策效果和合法性。《信访工作条例》第二十九条第三款规定：各级党委和政府应当健全人民建议征集制度，对涉及国计民生的重要工作，主动听取群众的建议意见。

103. 什么是检举控告类信访事项？应如何办理？

检举控告类信访事项是以对国家机关及其工作人员、其他有关组织及其工作人员失职、渎职等违纪、违法职务行为的检举或者控告为主要内容的信访事项。

《信访工作条例》第三十条规定：对信访人提出的检举控告类事项，纪检监察机关或者有权处理的机关、单位应当依规依纪依法接收、受理、办理和反馈。

党委和政府信访部门应当按照干部管理权限向组织（人事）部门通报反映干部问题的信访情况，重大情况向党委主要负责同志和分管组织（人事）工作的负责同志报送。组织（人事）部门应当按照干部选拔任用监督的有关规定进行办理。

104. 纪检监察机关如何接收检举控告类信访事项？

《纪检监察机关处理检举控告工作规则》第七条规定：纪检监察机关应当接收检举控告人通过以下方式提出的检举控告：

（1）向纪检监察机关邮寄信件反映的；

（2）到纪检监察机关指定的接待场所当面反映的；

（3）拨打纪检监察机关检举控告电话反映的；

（4）向纪检监察机关的检举控告网站、微信公众平台、手机客户端等网络举报受理平台发送电子材料反映的；

（5）通过纪检监察机关设立的其他渠道反映的。

对其他机关、部门、单位转送的属于纪检监察机关受理范围的检举控告，应当按规定予以接收。

105. 纪检监察机关如何受理检举控告类信访事项?

依据《纪检监察机关处理检举控告工作规则》第十一条规定,纪检监察机关按照管理权限实行检举控告工作分级受理:

(1)中央纪委国家监委受理反映中央委员、候补中央委员,中央纪委委员,中央管理的领导干部,党中央工作机关、党中央批准设立的党组(党委),各省、自治区、直辖市党委、纪委等涉嫌违纪或者职务违法、职务犯罪问题的检举控告。

(2)地方各级纪委监委受理反映同级党委委员、候补委员,同级纪委委员,同级党委管理的党员、干部以及监察对象,同级党委工作机关、党委批准设立的党组(党委),下一级党委、纪委等涉嫌违纪或者职务违法、职务犯罪问题的检举控告。

(3)基层纪委受理反映同级党委管理的党员,同级党委下属的各级党组织涉嫌违纪问题的检举控告;未设立纪律检查委员会的党的基层委员会,由该委员会受理检举控告。

各级纪委监委按照管理权限受理反映本机关干部涉嫌违纪或者职务违法、职务犯罪问题的检举控告。

《纪检监察机关处理检举控告工作规则》第十二条规定:对反映党的组织关系在地方、干部管理权限在主管部门的党员、干部以及监察对象涉嫌违纪或者职务违法、职务犯罪问题的检举控告,由设在主管部门、有管辖权的纪检监察机关受理。地方纪检监察机关接到检举控告的,经与设在主管部门、有管辖权的纪检监察机关协调,可以按规定受理。

106. 纪检监察机关如何办理检举控告类信访事项?

依据《纪检监察机关处理检举控告工作规则》第十四条、第十七条、第二十五条的规定,检举控告类信访事项办理程序如下:

（1）纪检监察机关信访举报部门经筛选，对属于本级受理的初次检举控告，应当移送本机关监督检查部门或者相关部门，并按规定将移送情况通报案件监督管理部门；对于重复检举控告，按规定登记后留存备查，并定期向有关部门通报情况。承办部门应当指定专人负责管理，逐件登记、建立台账。

（2）纪检监察机关监督检查部门应当对收到的检举控告进行认真甄别，对没有实质内容的检举控告或者属于其他纪检监察机关受理的检举控告，在沟通研究、经本机关分管领导批准后，按程序退回信访举报部门处理。监督检查部门对属于本级受理的检举控告，应当结合日常监督掌握的情况，进行综合分析、适当了解，经集体研究并履行报批程序后，以谈话函询、初步核实、暂存待查、予以了结等方式处置，或者按规定移送审查调查部门处置。

（3）对实名检举控告的，纪检监察机关提倡、鼓励实名检举控告，对实名检举控告优先办理、优先处置、给予答复。

107. 纪检监察机关对受理、办理的检举控告类信访事项如何反馈？

依据《纪检监察机关处理检举控告工作规则》第二十六条、第二十七条的规定，纪检监察机关信访举报部门对属于本机关受理的实名检举控告，应当在收到检举控告之日起15个工作日内告知实名检举控告人受理情况。重复检举控告的，不再告知。承办的监督检查、审查调查部门应当将实名检举控告的处理结果在办结之日起15个工作日内向检举控告人反馈，并记录反馈情况。检举控告人提出异议的，承办部门应当如实记录，并予以说明；提供新的证据材料的，承办部门应当核查处理。

108. 党的各级纪律检查机关应如何处理信访举报？

《中国共产党党内监督条例》第二十九条规定：认真处理信访举报，做好问题线索分类处置，早发现早报告，对社会反映突出、群众评价较差的领导干部情况及时报告，对重要检举事项应当集体研究。定期分析研判信访举报情况，对信访反映的典型性、普遍性问题提出有针对性的处置意见，督促信访举报比较集中的地方和部门查找分析原因并认真整改。

109. 法律法规对保密制度作了哪些规定？

《中华人民共和国刑事诉讼法》第一百一十一条第三款规定：公安机关、人民检察院或者人民法院应当保障报案人、控告人、举报人及其近亲属的安全。报案人、控告人、举报人如果不愿公开自己的姓名和报案、控告、举报的行为，应当为他保守秘密。

《纪检监察机关处理检举控告工作规则》第四十七条规定：纪检监察机关应当建立健全检举控告保密制度，严格落实保密要求：对检举控告人的姓名（单位名称）、工作单位、住址等有关情况以及检举控告内容必须严格保密，严禁将检举控告材料、检举控告人信息转给或者告知被检举控告的组织、人员。该规则第五十二条明确规定：纪检监察机关及其工作人员泄露检举控告人信息或者检举控告内容等，或者将检举控告材料转给被检举控告的组织、人员的，依规依纪严肃处理；涉嫌职务违法、职务犯罪的，依法追究法律责任。

《信访工作条例》第三十条第三款规定：不得将信访人的检举、揭发材料以及有关情况透露或者转给被检举、揭发的人员或者单位。《信访工作条例》第四十六条规定：有关机关、单位及其领导干部、工作人员将信访人的检举、揭发材料或者有关情况透露、转给被检举、揭发的人员或者单位，造成后果的，由其上级机关、单位责令改正；造成严重后果的，对直接负责的主管人员和其他直接责任人员依规依纪依法严肃处理；构成犯罪的，依法追究刑事责任。

110. 什么是申诉求决类信访事项？如何办理？

申诉求决类信访事项，是以不服国家机关、其他有关组织处理决定的申诉，或者请求国家机关帮助解决困难、问题为主要内容的信访事项。

《信访工作条例》第三十一条规定：对信访人提出的申诉求决类事项，有权处理的机关、单位应当区分情况，分别按照下列方式办理：

（1）应当通过审判机关诉讼程序或者复议程序、检察机关刑事立案程序或者法律监督程序、公安机关法律程序处理的，涉法涉诉信访事项未依法终结的，按照法律法规规定的程序处理。

（2）应当通过仲裁解决的，导入相应程序处理。

（3）可以通过党员申诉、申请复审等解决的，导入相应程序处理。

（4）可以通过行政复议、行政裁决、行政确认、行政许可、行政处罚等行政程序解决的，导入相应程序处理。

（5）属于申请查处违法行为、履行保护人身权或者财产权等合法权益职责的，依法履行或者答复。

（6）不属于以上情形的，应当听取信访人陈述事实和理由，并调查核实，出具信访处理意见书。对重大、复杂、疑难的信访事项，可以举行听证。

111. 哪些申诉求决类事项应通过仲裁程序处理?

仲裁是指发生争议的双方当事人,根据其在争议发生前或争议发生后所达成的协议,自愿将该争议提交中立的第三者进行裁判的争议解决制度和方式。《信访工作条例》第三十一条第二项规定:对信访人提出的申诉求决类事项,应当通过仲裁解决的,导入相应程序处理。

(1)当事人达成仲裁协议的。

《中华人民共和国仲裁法》第五条规定:当事人达成仲裁协议,一方向人民法院起诉的,人民法院不予受理,但仲裁协议无效的除外。

《中华人民共和国民事诉讼法》一百二十七条规定:对于双方当事人达成书面仲裁协议申请仲裁、不得向人民法院起诉的,人民法院应告知原告向仲裁机构申请仲裁。

依据《中华人民共和国仲裁法》第六条、第九条、第十八条的规定,仲裁委员会应当由当事人协议选定。仲裁不实行级别管辖和地域管辖。仲裁协议对仲裁事项或者仲裁委员会没有约定或者约定不明确的,当事人可以补充协议;达不成补充协议的,仲裁协议无效。仲裁实行一裁终局制度。裁决作出后,当事人就同一纠纷再请仲裁或者向人民法院起诉的,仲裁委员会或者人民法院不予受理。裁决被人民法院依法裁定撤销或者不予执行的,当事人就该纠纷可以根据双方重新达成的仲裁协议申请仲裁,也可以向人民法院起诉。

(2)劳动争议。

《中华人民共和国劳动争议调解仲裁法》第二条规定:中华人民共和国境内的用人单位与劳动者发生的下列劳动争议可以仲裁:①因确认劳动关系发生的争议;②因订立、履行、变更、解除和终止劳动合同发生的争议;③因除名、辞退和辞职、离职发生的争议;④因工作时间、休息休假、社会保险、福利、培训以及劳动保护发生的争议;⑤因劳动报酬、工伤医疗费、经济补偿或者赔偿金等发生的争议。

《中华人民共和国劳动争议调解仲裁法》第五条规定：发生劳动争议，当事人不愿协商、协商不成或者达成和解协议后不履行的，可以向调解组织申请调解；不愿调解、调解不成或者达调解协议后不履行的，可以向劳动争议仲裁委员会申请仲裁；对仲裁裁决不服的，除本法另有规定的外，可以向人民法院提起诉讼。

《中华人民共和国劳动争议调解仲裁法》第二十七条规定：劳动争议申请仲裁的时效期间为一年。仲裁时效期间从当事人知道或者应当知道其权利被侵害之日起计算。

《中华人民共和国劳动争议调解仲裁法》第四十七条、第四十八条规定：对于追索劳动报酬、工伤医疗费、经济补偿或者赔偿金，不超过当地月最低工资标准十二个月金额的争议，以及因执行国家的劳动标准在工作时间、休息休假、社会保险等方面发生的争议，仲裁裁决为终局裁决，裁决书自作出之日起发生法律效力。劳动者对该仲裁裁决不服的，可以自收到仲裁裁决书之日起十五日内向人民法院提起诉讼。

《中华人民共和国劳动争议调解仲裁法》第五十条规定：劳动者对追索劳动报酬、工伤医疗费、经济补偿或者赔偿金，不超过当地月最低工资标准十二个月金额的争议，以及因执行国家的劳动标准在工作时间、休息休假、社会保险等方面发生的争议以外的其他劳动争议案件的仲裁裁决不服的，可以自收到仲裁裁决书之日起十五日内向人民法院提起诉讼；期满不起诉的，裁决书发生法律效力。

《中华人民共和国劳动争议调解仲裁法》第四十九条规定：用人单位有证据证明仲裁裁决有适用法律法规错误、管辖权错误、违反法定程序、伪造证据、隐瞒证据以及索贿受贿、徇私舞弊、枉法裁决等情形的，可以自收到仲裁裁决书之日起三十日内向劳动争议仲裁委员会所在地的中级人民法院申请撤销裁决。

112. 哪些申诉求决类事项应通过党内申诉程序处理？

《信访工作条例》第三十一条第三项规定：对信访人提出的申诉求决类事项，可以通过党员申诉、申请复审等解决的，导入相应程序处理。主要适用于党的机关处理相关事项。

《中国共产党章程》第四十三条规定：党组织对党员作出处分决定，应当实事求是地查清事实。处分决定所依据的事实材料和处分决定必须同本人见面，听取本人说明情况和申辩。如果本人对处分决定不服，可以提出申诉，有关党组织必须负责处理或者迅速转递，不得扣压。对于确属坚持错误意见和无理要求的人，要给以批评教育。

《中国共产党问责条例》第二十条规定：问责对象对问责决定不服的，可以自收到问责决定之日起一个月内，向作出问责决定的党组织提出书面申诉。作出问责决定的党组织接到书面申诉后，应当在一个月内作出申诉处理决定，并以书面形式告知提出申诉的党组织、领导干部及其所在党组织。申诉期间，不停止问责决定的执行。

《中国共产党纪律检查机关监督执纪工作规则》第五十九条规定：对不服处分决定的申诉，由批准或者决定处分的党委（党组）或者纪检监察机关受理；需要复议复查的，由纪检监察机关相关负责人批准后受理。申诉办理部门成立复查组，调阅原案案卷，必要时可以进行取证，经集体研究后，提出办理意见，报纪检监察机关相关负责人批准或者纪委常委会会议研究决定，作出复议复查决定。决定应当告知申诉人，抄送相关单位，并在一定范围内宣布。坚持复议复查与审查审理分离，原案审查、审理人员不得参与复议复查。复议复查工作应当在三个月内办结。

《党政领导干部考核工作条例》第三十六条规定：考核对象对考核结果有异议的，可以按照有关规定提出复核或者申诉。

113. 哪些申诉求决类事项应通过特定行政程序处理？

《信访工作条例》第三十一条第四项规定：对信访人提出的申诉求决类事项，可以通过行政复议、行政裁决、行政确认、行政许可、行政处罚等行政程序解决的，导入相应程序处理。

114. 哪些申诉求决类事项可以通过行政履职程序处理？

《信访工作条例》第三十一条第五项规定：对信访人提出的申诉求决类事项，属于申请查处违法行为、履行保护人身权或者财产权等合法权益职责的，依法履行或者答复。

《中华人民共和国行政诉讼法》第四十七条第一款规定：公民、法人或者其他组织申请行政机关履行保护其人身权、财产权等合法权益的法定职责，行政机关在接到申请之日起两个月内不履行的，公民、法人或者其他组织可以向人民法院提起诉讼。

115. 哪些申诉求决类事项可以通过信访程序处理？

对于不属于《信访工作条例》第三十一条第一项、第二项、第三项、第四项、第五项规定方式办理的，应当听取信访人陈述事实和理由，并调查核实，出具信访处理意见书。对重大、复杂、疑难的信访事项，可以举行听证。例如，对于群众反映的历史遗留问题、法律法规尚无明确规定的问题、政策调整产生的问题、无法导入到其他法定途径的问题，以及"三跨三分离"等疑难复杂问题，可以通过信访程序"兜底"处理。

116. 哪些情形可以提起行政复议？

《中华人民共和国行政复议法》第十一条规定：有下列情形之一的，公民、法人或者其他组织可以依照本法申请行政复议：

（1）对行政机关作出的行政处罚决定不服；

（2）对行政机关作出的行政强制措施、行政强制执行决定不服；

（3）申请行政许可，行政机关拒绝或者在法定期限内不予答复，或者对行政机关作出的有关行政许可的其他决定不服；

（4）对行政机关作出的确认自然资源的所有权或者使用权的决定不服；

（5）对行政机关作出的征收征用决定及其补偿决定不服；

（6）对行政机关作出的赔偿决定或者不予赔偿决定不服；

（7）对行政机关作出的不予受理工伤认定申请的决定或者工伤认定结论不服；

（8）认为行政机关侵犯其经营自主权或者农村土地承包经营权、农村土地经营权；

（9）认为行政机关滥用行政权力排除或者限制竞争；

（10）认为行政机关违法集资、摊派费用或者违法要求履行其他义务；

（11）申请行政机关履行保护人身权利、财产权利、受教育权利等合法权益的法定职责，行政机关拒绝履行、未依法履行或者不予答复；

（12）申请行政机关依法给付抚恤金、社会保险待遇或者最低生活保障等社会保障，行政机关没有依法给付；

（13）认为行政机关不依法订立、不依法履行、未按照约定履行或者违法变更、解除政府特许经营协议、土地房屋征收补偿协议等行政协议；

（14）认为行政机关在政府信息公开工作中侵犯其合法权益；

（15）认为行政机关的其他行政行为侵犯其合法权益。

117. 哪些情形可以提起行政诉讼？

行政诉讼是指公民、法人或者其他组织认为行政机关的行政行为侵犯其合法权益，向人民法院提起诉讼，人民法院依法予以受理、审理并作出裁判的活动。简言之，行政诉讼是人民法院适用司法程序解决行政争议的活动。

根据《中华人民共和国行政诉讼法》第十二条规定，人民法院受理公民、法人或者其他组织提起的下列诉讼：

（1）对行政拘留、暂扣或者吊销许可证和执照、责令停产停业、没收违法所得、没收非法财物、罚款、警告等行政处罚不服的。

（2）对限制人身自由或者对财产的查封、扣押、冻结等行政强制措施和行政强制执行不服的。

（3）申请行政许可，行政机关拒绝或者在法定期限内不予答复，或者对行政机关作出的有关行政许可的其他决定不服的。

（4）对行政机关作出的关于确认土地、矿藏、水流、森林、山岭、草原、荒地、滩涂、海域等自然资源的所有权或者使用权的决定不服的。

（5）对征收、征用决定及其补偿决定不服的。

（6）申请行政机关履行保护人身权、财产权等合法权益的法定职责，行政机关拒绝履行或者不予答复的。

（7）认为行政机关侵犯其经营自主权或者农村土地承包经营权、农村土地经营权的。

（8）认为行政机关滥用行政权力排除或者限制竞争的。

（9）认为行政机关违法集资、摊派费用或者违法要求履行其他义务的。

（10）认为行政机关没有依法支付抚恤金、最低生活保障待遇或者社会保险待遇的。

（11）认为行政机关不依法履行、未按照约定履行或者违法变更、解除政府特许经营协议、土地房屋征收补偿协议等协议的。

（12）认为行政机关侵犯其他人身权、财产权等合法权益的。

118. 什么是信访调查？

《信访工作条例》第三十一条第六项规定：有权处理的机关、单位应当听取信访人陈述事实和理由，并调查核实，出具信访处理意见书。对重大、复杂、疑难的信访事项，可以举行听证。

本项中的"调查核实"，指的是信访调查。信访调查是指信访事项的有权处理机关、单位在依法受理信访事项后，在办理决定作出之前，为了查明信访事项所涉及的基本事实，依据职权所进行的材料收集、证据调取的活动。

信访调查有以下特征：一是自由裁量性，有权处理机关、单位可以在不损害信访人合法权益的前提下，根据信访事项的具体情况选择最合适的方式展开调查；二是程序的前置性，信访调查必须是在依法受理信访事项后、办理决定作出前开展，它是作出处理意见的法定前置程序；三是具有一定的强制性，它是信访事项的有权处理机关、单位依据职权开展的活动，信访当事人和与信访事项有关的第三人等被调查对象具有配合调查的义务。

119. 信访调查原则是什么？有哪些方式？

信访调查要遵循主动调查、全面调查、信访当事人参与三项原则。调查的时限必须以不影响在法定或指定的期限内作出处理决定为基本要求。

信访调查主要有四种方式：一是听取信访人陈述，这是一种为信访人提供主张其权利、陈述其理由和提供证据事实的程序规定；二是要求信访当事人（包括信访投诉对象、相关利益方等）说明情况，既可以要求其口头说明，也可以要求其书面说明，还可以要求信访人和被投诉的有关组织人员共同到场说明情况，确保双方当事人都有陈述、申辩的机会和权利；三是向第三人、证人和相关方进行调查，以证实信访人所提供情况的真实性、合法性，扩大信息来源，准确查明事实；四是实地调查，通过实地走访、调研、勘测等方式进一步查实、查证相关资料、信息。

针对重大、复杂、疑难的信访事项，可以举行听证，听证应当公开举行，通过质询、辩论、评议、合议等方式，查明事实、分清责任。

120. 信访调查的程序是什么？

信访调查一般应按照以下程序进行：事前通知，表明身份，说明理由，实施调查，制作笔录。

（1）事前通知。对信访事项有权处理的机关、单位在听取信访人陈述、相关人员说明情况和提供相关资料、举行听证之前，都应当以适当的形式通知当事人，便于当事人做好必要的准备。

（2）表明身份。在开展信访调查时，有权处理机关、单位工作人员应当表明自己的合法身份。一般来说，信访调查人员不得少于两人。

（3）说明理由。有权处理机关、单位工作人员应当向被调查对象说明调查的理由、法律法规依据，并告知对方在调查过程中享有的陈述权、申辩权等权利，以获得被调查对象的配合。

（4）实施调查。采用询问、调取资料等方式进行调查。

（5）制作笔录。调查人员应当制作相应的调查笔录并交由当事人签字，对于比较复杂的信访事项，有权处理机关、单位还应当制作调查报告。调查报告的内容应包括：①调查的事项和问题；②信访人陈述的事实和理由；③信访当事人、相关人员所作的其他说明和提供的材料；④有权处理机关、单位经查核认定的事实、意见以及不予采纳的事实、意见，并说明理由；⑤对信访事项的初步处理意见及依据。

121. 有权处理的机关、单位办理信访事项，需要听取信访人陈述事实和理由吗？

《信访工作条例》第三十一条第六项规定：有权处理的机关、单位应当听取信访人陈述事实和理由，并调查核实，出具信访处理意见书。对重大、复杂、疑难的信访事项，可以举行听证。听取信访人陈述是有权处理机关、单位了解信访事项基本情况的必要步骤。

122. 申诉求决类信访事项办理期限有何规定？

《信访工作条例》第三十一条规定：对信访人提出的申诉求决类事项，有权处理的机关、单位应当区分情况，分别办理。根据该条第一项至第五项的规定，信访人提出的申诉求决类事项，可以通过诉讼、复议、仲裁、申诉等程序处理的，导入相应程序处理，其办理期限应当按照《行政复议法》《行政诉讼法》《民事诉讼法》《刑事诉讼法》《仲裁法》等相关规定确定。

《信访工作条例》第三十四条规定：对本条例第三十一条第六项规定的信访事项，即不属于可以通过诉讼、复议、仲裁、申诉等程序处理的申诉求决类事项，应当自受理之日起 60 日内办结；情况复杂的，经本机关、单位负责人批准，可以适当延长办理期限，但延长期限不得超过 30 日，并告知信访人延期理由。

123. 信访处理意见书包括哪些内容?

对信访事项有权处理的机关、单位经调查核实后，根据事实并依照有关法律、法规、规章及其他有关规定，作出处理意见。信访处理意见应以书面形式作出。《信访工作条例》第三十二条规定：信访处理意见书应当载明信访人投诉请求、事实和理由、处理意见及法律法规依据：

（1）请求事实清楚，符合法律、法规、规章或者其他有关规定的，予以支持。

（2）请求事由合理但缺乏法律依据的，应当作出解释说明。

（3）请求缺乏事实根据或者不符合法律、法规、规章或者其他有关规定的，不予支持。

124. 信访处理意见的执行有哪些规定?

（1）《信访工作条例》第三十二条第二款规定：有权处理的机关、单位作出支持信访请求意见的，应当督促有关机关、单位执行；不予支持的，应当做好信访人的疏导教育工作。

（2）《信访工作条例》第四十条第一款规定：党委和政府信访部门对于有关机关、单位拒不执行信访处理意见的，应当及时督办，并提出改进工作的建议。

（3）《信访工作条例》第四十二条第四项规定：因拒不执行有权处理机关、单位作出的支持信访请求意见，导致信访事项发生，造成严重后果的，对直接负责的主管人员和其他直接责任人员，依规依纪依法严肃处理；构成犯罪的，依法追究刑事责任。

125. 什么是复查？信访人对信访处理意见不服的，可以要求复查吗？

复查是指信访人不服办理机关、单位的信访处理意见而提出申请，依法由办理机关、单位的上一级机关、单位对该信访事项处理意见和有关情况进行审查并作出信访复查意见的过程。《信访工作条例》第三十五条规定：信访人对信访处理意见不服的，可以自收到书面答复之日起 30 日内请求原办理机关、单位的上一级机关、单位复查。收到复查请求的机关、单位应当自收到复查请求之日起 30 日内提出复查意见，并予以书面答复。

126. 什么是复核？信访人对复查意见不服的，可以要求复核吗？

复核是指信访人不服复查机关、单位的信访复查意见而提出申请，依法由复查机关、单位的上一级机关、单位对该信访事项的复查意见和有关情况进行审查并作出信访复核意见的过程。复核机关是指复查机关、单位的上一级机关、单位。

《信访工作条例》第三十六条第一款规定：信访人对复查意见不服的，可以自收到书面答复之日起 30 日内向复查机关、单位的上一级机关、单位请求复核。收到复核请求的机关、单位应当自收到复核请求之日起 30 日内提出复核意见。

127. 信访事项在复查（复核）中可以变更处理途径吗？

根据国家信访局《依法分类处理信访诉求工作规则》第十二条规定，信访复查（复核）机关、单位在信访复查（复核）中，发现事项应当适用其他途径而未适用，如以信访处理代替应当通过审判机关诉讼程序或者复议程序、检察机关刑事立案程序或者法律监督程序、公安机关法律程序处理的，涉法涉诉信访事项未依法终结的；应当通过仲裁解决的；可以通过党员申诉、申请复审等解决的；可以通过行政复议、行政裁决、行政确认、行政许可、行政处罚等行政程序解决的；属于申请查处违法行为、履行保护人身权或者财产权等合法权益职责方式作出处理的，应当区分情况，撤销信访处理（复查）意见，要求原办理机关、单位适用其他途径重新处理，或者变更原处理（复查）意见。

128. 信访事项办结后，地方党委和政府以及基层党组织和基层单位还应当做好哪些工作？

《信访工作条例》第三十七条第三款规定：地方党委和政府以及基层党组织和基层单位对信访事项已经复查复核和涉法涉诉信访事项已经依法终结的相关信访人，应当做好疏导教育、矛盾化解、帮扶救助等工作。

2014 年，中共中央办公厅、国务院办公厅印发的《关于依法处理涉法涉诉信访问题的意见》指出，对于涉法涉诉信访事项，严格落实依法按程序办理制度。各级政法机关对于已经进入法律程序处理的案件，应当依法按程序在法定时限内公正办结。对经复议、审理、复核，确属错案、瑕疵案的，依法纠正错误、补正瑕疵；属于国家赔偿范围的，依照《国家赔偿法》的有关规定办理。对经复议、审理、复核，未发现错误的，依法维持原裁决，并按照有关规定及时告知当事人。该意见强调，建立涉法涉诉信访依法终结制度。中央政法机关按照《刑事诉讼法》《民事诉讼法》和相关法律法规，修改完善涉法涉诉信访终结办法。对涉法涉诉信访事项，已经穷尽法律程序的，依法作出的判决、裁定为终结决定。对在申诉时限内反复缠访缠诉，经过案件审查、评查等方式，并经中央或省级政法机关审核，认定其反映问题已经得到公正处理的，除有法律规定的情形外，依法不再启动复查程序。各级各有关部门不再统计、交办、通报，重点是做好对信访人的解释、疏导工作。

129. 信访工作中如何运用调解、和解手段化解信访矛盾？

《信访工作条例》第三十三条规定：各级机关、单位在处理申诉求决类事项过程中，可以在不违反政策法规强制性规定的情况下，在裁量权范围内，经争议双方当事人同意进行调解；可以引导争议双方当事人自愿和解。经调解、和解达成一致意见的，应当制作调解协议书或者和解协议书。

130. 调解与和解有哪些区别？

调解是指双方或多方当事人就矛盾纠纷，在人民法院、政府机关、人民调解委员会及有关组织主持下，自愿协商，通过教育疏导等方式，促成各方当事人依法达成协议、解决纠纷的活动。和解是指当事人在自愿互谅的基础上，就已经发生的争议进行协商并达成协议，自行解决争议的一种方式。

调解、和解都是在自愿的基础上经过协商达成协议的活动。二者的区别主要包括：

（1）参与主体不同。调解有第三方参加，而其中的第三方，即调解人没有权力对争执的双方施加外部影响；而和解只有当事人双方参加。

（2）法律效力不同。经人民调解委员会调解达成的调解协议具有法律约束力，当事人之间就调解协议的履行或者调解协议的内容发生争议的，一方当事人可以向人民法院提起诉讼；和解协议作为双方当事人之间自行达成的协议，不具有执行力。

（3）适用范围不同。调解一般应用于民商事领域，而和解既可以应用于民商事纠纷，也可以应用于行政纠纷，甚至还可以应用于某些刑事案件中。

（4）适用程序不同。司法调解仅限于审判程序，包括诉讼外调解和诉讼中调解；而和解既可以适用于审判程序，也可以适用于执行程序。[①]

131. 调解协议书应载明哪些事项？

《人民调解法》第二十八条规定：经人民调解委员会调解达成调解协议的，可以制作调解协议书。当事人认为无须制作调解协议书的，可以采取口头协议方式，人民调解员应当记录协议内容。第二十九条规定：调解协议书可以载明下列事项：

（1）当事人的基本情况。

（2）纠纷的主要事实、争议事项以及各方当事人的责任。

（3）当事人达成调解协议的内容，履行的方式、期限。

调解协议书自各方当事人签名、盖章或者按指印，人民调解员签名并加盖人民调解委员会印章之日起生效。调解协议书由当事人各执一份，人民调解委员会留存一份。

132. 对生活确有困难的信访人，各级机关、单位应当如何救助？

《信访工作条例》第三十七条第二款规定：各级机关、单位在办理信访事项时，对生活确有困难的信访人，可以告知或者帮助其向有关机关或者机构依法申请社会救助。符合国家司法救助条件的，有关政法部门应当按照规定给予司法救助。

[①] 中央信访工作联席会议办公室，国家信访局.信访工作条例辅导读本[M].北京：中国法制出版社，2022：211.

133. 什么是社会救助？

社会救助，也称为社会救济，是指国家和社会对由于各种原因而陷入生存困境的公民，给予财物接济和生活扶助，以保障其最低生活需要的制度。社会救助作为社会保障体系的组成部分，其目标则是缓解生活困难。

社会救助是最古老最基本的社会保障方式，在矫正"市场失灵"、调整资源配置、实现社会公平、维护社会稳定、构建社会主义和谐社会等方面发挥着重要的和不可替代的作用。

134. 哪些情形可以申请社会救助？

根据《社会救助暂行办法》相关规定，社会救助主要包括以下情形：

（1）最低生活保障，是指国家对共同生活的家庭成员人均收入低于当地最低生活保障标准，且符合当地最低生活保障家庭财产状况规定的家庭给予的救助。对批准获得最低生活保障的家庭，县级人民政府民政部门按照共同生活的家庭成员人均收入低于当地最低生活保障标准的差额，按月发给最低生活保障金。

（2）特困人员供养，是指国家对无劳动能力、无生活来源且无法定赡养、抚养、扶养义务人，或者其法定赡养、抚养、扶养义务人无赡养、抚养、扶养能力的老年人、残疾人以及未满16周岁的未成年人，给予特困人员供养。乡镇人民政府、街道办事处发现符合特困供养条件的人员，应当主动为其依法办理供养。特困供养人员可以在当地的供养服务机构集中供养，也可以在家分散供养。特困供养人员可以自行选择供养形式。

（3）受灾人员救助，是指国家对基本生活受到自然灾害严重影响的人员提供的生活救助。包括灾时应急救助和灾后恢复救助。

（4）医疗救助，是指国家建立健全医疗救助制度，保障最低生活保障家庭成员、特困供养人员、县级以上人民政府规定的其他特殊困难人员获得基本医疗卫生服务。对于最低生活保障家庭成员和特困供养人员的医疗救助，由县级人民政府医疗保障部门直接办理。

（5）教育救助，是指国家对在义务教育阶段就学的最低生活保障家庭成员、特困供养人员给予的教育救助。教育救助根据不同教育阶段需求，采取减免相关费用、发放助学金、给予生活补助、安排勤工助学等方式实施，保障教育救助对象基本学习、生活需求。

（6）住房救助，是指国家对符合规定标准的住房困难的最低生活保障家庭、分散供养的特困人员，给予的住房救助。通过配租公共租赁住房、发放住房租赁补贴、农村危房改造等方式实施。

（7）就业救助，是指国家对最低生活保障家庭中有劳动能力并处于失业状态的成员，通过贷款贴息、社会保险补贴、岗位补贴、培训补贴、费用减免、公益性岗位安置等办法，给予就业救助。

（8）临时救助，是指国家对因火灾、交通事故等意外事件，家庭成员突发重大疾病等原因，导致基本生活暂时出现严重困难的家庭，或者因生活必需支出突然增加超出家庭承受能力，导致基本生活暂时出现严重困难的最低生活保障家庭，以及遭遇其他特殊困难的家庭，给予临时救助。以及国家对生活无着的流浪、乞讨人员提供临时食宿、急病救治、协助返回等救助。

135. 什么是司法救助？

司法救助，又称诉讼救助，依据《最高人民法院关于加强和规范人民法院国家司法救助工作的意见》规定，司法救助是指人民法院在审判、执行工作中，对权利受到侵害无法获得有效赔偿的当事人采取的一次性辅助救济措施，以解决其生活面临的急迫困难。对同一案件的同一救助申请人只进行一次性国家司法救助。对于能够通过诉讼获得赔偿、补偿的，一般应当通过诉讼途径解决。

136. 当事人在什么情形下可以申请司法救助？

根据《最高人民法院关于加强和规范人民法院国家司法救助工作的意见》等相关规定，对下列人员提出国家司法救助申请的，应当予以救助：

（1）刑事案件被害人受到犯罪侵害，造成重伤或者严重残疾，因加害人死亡或者没有赔偿能力，无法通过诉讼获得赔偿，陷入生活困难的。

（2）刑事案件被害人受到犯罪侵害危及生命，急需救治，无力承担医疗救治费用的。

（3）刑事案件被害人受到犯罪侵害而死亡，因加害人死亡或者没有赔偿能力，依靠被害人收入为主要生活来源的近亲属无法通过诉讼获得赔偿，陷入生活困难的。

（4）刑事案件被害人受到犯罪侵害，致使其财产遭受重大损失，因加害人死亡或者没有赔偿能力，无法通过诉讼获得赔偿，陷入生活困难的。

（5）举报人、证人、鉴定人因举报、作证、鉴定受到打击报复，致使其人身受到伤害或财产受到重大损失，无法通过诉讼获得赔偿，陷入生活困难的。

（6）追索赡养费、扶养费、抚养费等，因被执行人没有履行能力，申请执行人陷入生活困难的。

（7）因道路交通事故等民事侵权行为造成人身伤害，无法通过诉讼获得赔偿，受害人陷入生活困难的。

（8）人民法院根据实际情况，认为需要救助的其他人员。

137.《国家赔偿法》规定行政机关予以行政赔偿范围有哪些？

《国家赔偿法》第三条、第四条规定：行政机关及其工作人员有以下侵犯人身、财产权利的行为，受害人有取得赔偿的权利：

（1）违法拘留或者违法采取限制公民人身自由的行政强制措施的；

（2）非法拘禁或者以其他方法非法剥夺公民人身自由的；

（3）以殴打、虐待等行为或者唆使、放纵他人以殴打、虐待等行为造成公民身体伤害或者死亡的；

（4）违法使用武器、警械造成公民身体伤害或者死亡的；

（5）违法实施罚款、吊销许可证和执照、责令停产停业、没收财物等行政处罚的；

（6）违法对财产采取查封、扣押、冻结等行政强制措施的；

（7）违法征收、征用财产的；

（8）造成公民身体伤害或者死亡，以及造成财产损害的其他违法行为。

138.《国家赔偿法》规定行政机关不承担赔偿责任的情形有哪些？

根据《国家赔偿法》第五条规定，属于下列情形之一的，国家不承担赔偿责任：

（1）行政机关工作人员与行使职权无关的个人行为；

（2）因公民、法人和其他组织自己的行为致使损害发生的；

（3）法律规定的其他情形。

第六章　监督和追责

139. 各级机关、单位如何对信访工作进行督查？

《信访工作条例》第三十八条规定：各级党委和政府应当对开展信访工作、落实信访工作责任的情况组织专项督查。

信访工作联席会议及其办公室、党委和政府信访部门应当根据工作需要开展督查，就发现的问题向有关地方和部门进行反馈，重要问题向本级党委和政府报告。

各级党委和政府督查部门应当将疑难复杂信访问题列入督查范围。

《信访工作责任制实施办法》第九条规定：各级党政机关应当将信访工作纳入督查范围，对本地区、本部门、本系统信访工作开展和责任落实情况，每年至少组织开展一次专项督查，并在适当范围内通报督查情况。

140. 各级机关、单位如何对信访工作进行考核？

《信访工作条例》第三十九条规定：各级党委和政府应当以依规依法及时就地解决信访问题为导向，每年对信访工作情况进行考核。考核结果应当在适当范围内通报，并作为对领导班子和有关领导干部综合考核评价的重要参考。对在信访工作中作出突出成绩和贡献的机关、单位或者个人，可以按照有关规定给予表彰和奖励。对在信访工作中履职不力、存在严重问题的领导班子和领导干部，视情节轻重，由信访工作联席会议进行约谈、通报、挂牌督办，责令限期整改。

《信访工作责任制实施办法》第十条规定：各级党政机关应当以依法、及时、就地解决信访问题为导向，建立健全信访工作考核评价机制，制定科学合理的考核评价标准和指标体系，定期对本地区、本部门、本系统信访工作情况进行考核。考核结果作为对领导班子和领导干部综合考评的重要参考。各级组织人事部门在干部考察工作中，应当听取信访部门意见，了解掌握领导干部履行信访工作职责情况。国家信访局负责对各省、自治区、直辖市信访工作情况进行年度考核。对工作成效明显的省、自治区、直辖市予以通报表扬；对问题较多的省、自治区、直辖市，加强工作指导，督促解决存在的问题。

141. 落实信访工作责任制应当坚持的指导思想和工作原则是什么？

《信访工作责任制实施办法》第三条规定：落实信访工作责任制，以邓小平理论、"三个代表"重要思想、科学发展观为指导，深入贯彻习近平总书记系列重要讲话精神，按照"属地管理、分级负责，谁主管、谁负责，依法、及时、就地解决问题与疏导教育相结合"的工作原则，综合运用督查、考核、惩戒等措施，依法规范各级党政机关履行信访工作职责，把信访突出问题处理好，把群众合理合法利益诉求解决好，确保中央关于信访工作决策部署贯彻落实。

142. 各级机关、单位信访工作责任内容有哪些？

根据《信访工作责任制实施办法》第四条至第八条规定，各级党政机关的信访工作责任内容有：

（1）各级党政机关应当将信访工作列入议事日程，定期听取工作汇报、分析信访形势、研究解决工作中的重要问题，从人力物力财力上保证信访工作顺利开展；应当科学、民主决策，依法履行职责，从源头上预防和减少导致信访问题的矛盾和纠纷。党政机关领导班子主要负责人对本地区、本部门、本系统的信访工作负总责，其他成员根据工作分工，对职权范围内的信访工作负主要领导责任。各级领导干部应当阅批群众来信和网上信访，定期接待群众来访，协调处理疑难复杂信访问题。

（2）各级党政机关工作部门对属于本部门职权范围内的信访事项，应当依照有关法律法规规定和程序，及时妥善处理。垂直管理部门负责本系统的信访工作，应当督促下级部门和单位依法、及时、就地解决信访问题。

（3）地方各级党委和政府在预防和处理本地区信访问题中负有主体责任，应当加强矛盾纠纷排查化解和信访风险防控预警，针对具体问题明确责任归属，协调督促有关责任部门和单位依法、及时、就地解决，并加强对信访群众的疏导教育。

（4）各级信访部门应当在党委和政府的统一领导下，协调、指导和监督本地区的信访工作，依照法定程序和诉讼与信访分离制度受理、交办、转送和督办信访事项，协调处理重要信访问题，分析研究信访情况，提出改进工作、完善政策和给予处分的建议。

（5）各级党政机关工作人员在处理信访事项过程中，应当遵守群众纪律，秉公办事、清正廉洁、保守秘密、热情周到。

143. 信访部门"三项建议"职责是指什么？

《信访工作条例》第四十条对党委和政府信访部门提出改进工作、完善政策和追究责任"三项建议"作出规定，并强调对信访部门提出的改进工作、完善政策、追究责任的建议，有关机关、单位应当书面反馈采纳情况。

（1）提出改进工作的建议。党委和政府信访部门发现有关机关、单位存在违反信访工作规定受理、办理信访事项，办理信访事项推诿、敷衍、拖延、弄虚作假或者拒不执行信访处理意见等情形的，应当及时督办，并提出改进工作的建议。

（2）提出完善政策的建议。对工作中发现的有关政策性问题，应当及时向本级党委和政府报告，并提出完善政策的建议。

（3）提出追究责任的建议。对在信访工作中推诿、敷衍、拖延、弄虚作假造成严重后果的机关、单位及其工作人员，应当向有管理权限的机关、单位提出追究责任的建议。

144. 什么是督办？《信访工作条例》对督办作了哪些规定？

督办是指各级党委和政府信访部门为了使信访事项得到依法及时妥善的处理，依照法定职责对同级党委和政府工作部门和下级有权处理机关、单位处理信访事项、执行信访决定的情况予以督促检查的行为。

（1）《信访工作条例》第十四条第一款第三项规定：各级党委和政府信访部门是开展信访工作的专门机构，履行督促检查重要信访事项的处理和落实的职责。

（2）《信访工作条例》第四十条第一款规定：党委和政府信访部门发现有关机关、单位存在违反信访工作规定受理、办理信访事项，办理信访事项推诿、敷衍、拖延、弄虚作假或者拒不执行信访处理意见等情形的，应当及时督办，并提出改进工作的建议。

（3）《信访工作条例》第四十三条规定：各级党委和政府信访部门应当履行督办职责而未履行的，由其上级机关责令改正；造成严重后果的，对直接负责的主管人员和其他直接责任人员依规依纪依法严肃处理。

145. 信访部门应该督办的情形有哪些?

《信访工作条例》第四十条第一款规定:党委和政府信访部门发现有关机关、单位存在违反信访工作规定受理、办理信访事项,办理信访事项推诿、敷衍、拖延、弄虚作假或者拒不执行信访处理意见等情形的,应当及时督办,并提出改进工作的建议。

146. 什么是信访情况年度报告制度?

《信访工作条例》第四十一条第一款规定:党委和政府信访部门应当编制信访情况年度报告,每年向本级党委和政府、上一级党委和政府信访部门报告。

(1)报告主体。《信访工作条例》明确规定,党委和政府信访部门是报告主体,综合反映信访信息是信访部门的职责之一。

(2)报告对象。《信访工作条例》规定,报告对象是本级党委和政府、上一级党委和政府信访部门。

(3)报告形式。《信访工作条例》规定,党委和政府信访部门应当编制信访情况年度报告,报告周期为年报。

(4)报告内容。

① 信访事项的数据统计、信访事项涉及领域以及被投诉较多的机关、单位。

② 党委和政府信访部门转送、交办、督办情况。

③ 党委和政府信访部门提出改进工作、完善政策、追究责任建议以及被采纳情况。

④ 其他应当报告的事项。

147. 信访部门应当向巡视巡察机构提供哪些情况？有什么依据？

《信访工作条例》第四十一条第二款规定：根据巡视巡察工作需要，党委和政府信访部门应当向巡视巡察机构提供被巡视巡察地区、单位领导班子及其成员和下一级主要负责人有关信访举报，落实信访工作责任制，具有苗头性、倾向性的重要信访问题，需要巡视巡察工作关注的重要信访事项等情况。

《中国共产党巡视工作条例》第二十一条规定：巡视组开展巡视前，应当向同级纪检监察机关、政法机关和组织、审计、信访等部门和单位了解被巡视党组织领导班子及其成员的有关情况。第三十四条规定：纪检监察机关、审计机关、政法机关和组织、信访等部门及其他有关单位，应当支持配合巡视工作。对违反规定不支持配合巡视工作，造成严重后果的，依据有关规定追究相关责任人员的责任。

148.《信访工作条例》哪些条款包括"依规依纪依法严肃处理"的责任追究方式？

《信访工作条例》第四十二条至第四十六条，对信访事项引发责任，信访事项受理、办理责任，都作出了责任追究的规定，各条都有"造成严重后果的，对直接负责的主管人员和其他直接责任人员依规依纪依法严肃处理"的责任追究方式。

149. 行使公权力或提供公共服务的组织或人员超越或者滥用职权，导致信访事项发生，造成严重后果的，如何处理？

《信访工作条例》第四十二条第一项规定：超越或者滥用职权，侵害公民、法人或者其他组织合法权益导致信访事项发生，造成严重后果的，对直接负责的主管人员和其他直接责任人员，依规依纪依法严肃处理；构成犯罪的，依法追究刑事责任。

150. 行使公权力或提供公共服务的组织或人员应当作为而不作为，导致信访事项发生，造成严重后果的，如何处理？

《信访工作条例》第四十二条第二项规定：应当作为而不作为，侵害公民、法人或者其他组织合法权益导致信访事项发生，造成严重后果的，对直接负责的主管人员和其他直接责任人员，依规依纪依法严肃处理；构成犯罪的，依法追究刑事责任。

151. 行使公权力或提供公共服务的组织或人员适用法律、法规错误或者违反法定程序，导致信访事项发生，造成严重后果的，如何处理？

《信访工作条例》第四十二条第三项规定：适用法律、法规错误或者违反法定程序，侵害公民、法人或者其他组织合法权益导致信访事项发生，造成严重后果的，对直接负责的主管人员和其他直接责任人员，依规依纪依法严肃处理；构成犯罪的，依法追究刑事责任。

152. 行使公权力或提供公共服务的组织或人员拒不执行有权处理机关、单位作出的支持信访请求意见，导致信访事项发生，造成严重后果的，如何处理？

《信访工作条例》第四十二条第四项规定：拒不执行有权处理机关、单位作出的支持信访请求意见，导致信访事项发生，造成严重后果的，对直接负责的主管人员和其他直接责任人员，依规依纪依法严肃处理；构成犯罪的，依法追究刑事责任。

153. 信访部门对收到的信访事项应当登记、转送、交办而未按照规定登记、转送、交办的，应如何追责？

《信访工作条例》第四十三条规定：各级党委和政府信访部门对收到的信访事项应当登记、转送、交办而未按照规定登记、转送、交办的，由其上级机关责令改正；造成严重后果的，对直接负责的主管人员和其他直接责任人员依规依纪依法严肃处理。

154. 信访部门对收到的信访事项应当履行督办职责而未履行的，应如何追责？

《信访工作条例》第四十三条规定：各级党委和政府信访部门对收到的信访事项应当履行督办职责而未履行的，由其上级机关责令改正；造成严重后果的，对直接负责的主管人员和其他直接责任人员依规依纪依法严肃处理。

155. 负有受理信访事项职责的机关、单位对收到的信访事项不按照规定登记的，应如何追责？

《信访工作条例》第四十四条第一项规定：负有受理信访事项职责的机关、单位对收到的信访事项不按照规定登记的，由其上级机关、单位责令改正；造成严重后果的，对直接负责的主管人员和其他直接责任人员依规依纪依法严肃处理。

156. 负有受理信访事项职责的机关、单位对属于其职权范围的信访事项不予受理的，应如何追责？

《信访工作条例》第四十四条第二项规定：负有受理信访事项职责的机关、单位对属于其职权范围的信访事项不予受理的，由其上级机关、单位责令改正；造成严重后果的，对直接负责的主管人员和其他直接责任人员依规依纪依法严肃处理。

157. 负有受理信访事项职责的机关、单位未在规定期限内书面告知信访人是否受理信访事项的，应如何追责？

《信访工作条例》第四十四条第三项规定：负有受理信访事项职责的机关、单位未在规定期限内书面告知信访人是否受理信访事项的，由其上级机关、单位责令改正；造成严重后果的，对直接负责的主管人员和其他直接责任人员依规依纪依法严肃处理。

158. 对信访事项有权处理的机关、单位推诿、敷衍、拖延信访事项办理或者未在规定期限内办结信访事项的，应如何追责？

《信访工作条例》第四十五条第一项规定：对信访事项有权处理的机关、单位推诿、敷衍、拖延信访事项办理或者未在规定期限内办结信访事项的，由其上级机关、单位责令改正；造成严重后果的，对直接负责的主管人员和其他直接责任人员依规依纪依法严肃处理。

159. 对信访事项有权处理的机关、单位对事实清楚，符合法律、法规、规章或者其他有关规定的投诉请求未予支持的，应如何追责？

《信访工作条例》第四十五条第二项规定：对信访事项有权处理的机关、单位对事实清楚，符合法律、法规、规章或者其他有关规定的投诉请求未予支持的，由其上级机关、单位责令改正；造成严重后果的，对直接负责的主管人员和其他直接责任人员依规依纪依法严肃处理。

160. 对信访事项有权处理的机关、单位对党委和政府信访部门提出的改进工作、完善政策等建议重视不够、落实不力，导致问题长期得不到解决的，应如何追责？

《信访工作条例》第四十五条第三项规定：对信访事项有权处理的机关、单位对党委和政府信访部门提出的改进工作、完善政策等建议重视不够、落实不力，导致问题长期得不到解决的，由其上级机关、单位责令改正；造成严重后果的，对直接负责的主管人员和其他直接责任人员依规依纪依法严肃处理。

161. 有关机关、单位及其领导干部、工作人员对待信访人态度恶劣、作风粗暴，损害党群干群关系，应如何追责？

《信访工作条例》第四十六条第一项规定：有关机关、单位及其领导干部、工作人员对待信访人态度恶劣、作风粗暴，损害党群干群关系的，由其上级机关、单位责令改正；造成严重后果的，对直接负责的主管人员和其他直接责任人员依规依纪依法严肃处理；构成犯罪的，依法追究刑事责任。

162. 有关机关、单位及其领导干部、工作人员在处理信访事项过程中吃拿卡要、谋取私利，应如何追责？

《信访工作条例》第四十六条第二项规定：有关机关、单位及其领导干部、工作人员在处理信访事项过程中吃拿卡要、谋取私利的，由其上级机关、单位责令改正；造成严重后果的，对直接负责的主管人员和其他直接责任人员依规依纪依法严肃处理；构成犯罪的，依法追究刑事责任。

163. 有关机关、单位及其领导干部、工作人员对规模性集体访、负面舆情等处置不力，导致事态扩大，应如何追责？

《信访工作条例》第四十六条第三项规定：有关机关、单位及其领导干部、工作人员对规模性集体访、负面舆情等处置不力，导致事态扩大的，由其上级机关、单位责令改正；

造成严重后果的，对直接负责的主管人员和其他直接责任人员依规依纪依法严肃处理；构成犯罪的，依法追究刑事责任。

164. 有关机关、单位及其领导干部、工作人员对可能造成社会影响的重大、紧急信访事项和信访信息隐瞒、谎报、缓报，或者未依法及时采取必要措施，应如何追责？

《信访工作条例》第四十六条第四项规定：有关机关、单位及其领导干部、工作人员对可能造成社会影响的重大、紧急信访事项和信访信息隐瞒、谎报、缓报，或者未依法及时采取必要措施的，由其上级机关、单位责令改正；造成严重后果的，对直接负责的主管人员和其他直接责任人员依规依纪依法严肃处理；构成犯罪的，依法追究刑事责任。

165. 有关机关、单位及其领导干部、工作人员将信访人的检举、揭发材料或者有关情况透露、转给被检举、揭发的人员或者单位，应如何追责？

《信访工作条例》第四十六条第五项规定：有关机关、单位及其领导干部、工作人员将信访人的检举、揭发材料或者有关情况透露、转给被检举、揭发的人员或者单位的，由其上级机关、单位责令改正；造成严重后果的，对直接负责的主管人员和其他直接责任人员依规依纪依法严肃处理；构成犯罪的，依法追究刑事责任。

166. 有关机关、单位及其领导干部、工作人员打击报复信访人，应如何追责？

《信访工作条例》第四十六条第六项规定：有关机关、单位及其领导干部、工作人员打击报复信访人的，由其上级机关、单位责令改正；造成严重后果的，对直接负责的主管人员和其他直接责任人员依规依纪依法严肃处理；构成犯罪的，依法追究刑事责任。

167. 什么是信访人的法律责任？

信访人的法律责任是指信访人违反《信访工作条例》规定而应负的法律责任，具体包括：

（1）《信访工作条例》第十九条第二款规定：信访人提出信访事项，应当客观真实，对其所提供材料内容的真实性负责，不得捏造、歪曲事实，不得诬告、陷害他人。

（2）《信访工作条例》第二十条规定：信访人采用走访形式提出信访事项的，应当到有权处理的本级或者上一级机关、单位设立或者指定的接待场所提出。信访人采用走访形式提出涉及诉讼权利救济的信访事项，应当按照法律法规规定的程序向有关政法部门提出。多人采用走访形式提出共同的信访事项的，应当推选代表，代表人数不得超过5人。

（3）《信访工作条例》第二十六条规定：信访人在信访过程中应当遵守法律、法规，不得损害国家、社会、集体的利益和其他公民的合法权利，自觉维护社会公共秩序和信访秩序，不得有下列行为：

① 在机关、单位办公场所周围、公共场所非法聚集，围堵、冲击机关、单位，拦截公务车辆，或者堵塞、阻断交通；

② 携带危险物品、管制器具；

③ 侮辱、殴打、威胁机关、单位工作人员，非法限制他人人身自由，或者毁坏财物；

④ 在信访接待场所滞留、滋事，或者将生活不能自理的人弃留在信访接待场所；

⑤ 煽动、串联、胁迫、以财物诱使、幕后操纵他人信访，或者以信访为名借机敛财；

⑥ 其他扰乱公共秩序、妨害国家和公共安全的行为。

168. 对信访人违规扰序行为处罚的主体和方式是什么？

《信访工作条例》第四十七条规定：信访人违反本条例第二十条、第二十六条规定的，有关机关、单位工作人员应当对其进行劝阻、批评或者教育。

信访人滋事扰序、缠访闹访情节严重，构成违反治安管理行为的，或者违反集会游行示威相关法律法规的，由公安机关依法采取必要的现场处置措施、给予治安管理处罚；构成犯罪的，依法追究刑事责任。

信访人捏造歪曲事实、诬告陷害他人，构成违反治安管理行为的，依法给予治安管理处罚；构成犯罪的，依法追究刑事责任。

169. 信访人违反"六个不得"行为的处罚措施有哪些？

《关于公安机关处置信访活动中违法犯罪行为适用法律的指导意见》中详细列举和规定了《信访工作条例》第二十六条明确的"六个不得"行为具体适用的情形、法律依据以及处罚措施。

（1）对"在机关、单位办公场所周围、公共场所非法聚集，围堵冲击机关、单位，拦截公务车辆，或者堵塞、阻断交通"等情形，符合《中华人民共和国治安管理处罚法》第二十三条规定的，以扰乱单位秩序、公共场所秩序、妨碍交通工具正常行驶，聚众扰乱单位秩序、公共场所秩序、妨碍交通工具正常行驶依法予以治安管理处罚。情节严重，符合《中华人民共和国刑法》第二百九十条、第二百九十一条规定的，对首要分子以聚众扰乱社会秩序罪，聚众冲击国家机关罪，聚众扰乱公共场所秩序，聚众扰乱交通秩序罪追究刑事责任。

（2）对"携带危险物品、管制器具"等情形，符合《中华人民共和国治安管理处罚法》第三十条、第三十二条规定的，以非法携带枪支、弹药、管制器具、非法携带危险物质依法予以治安管理处罚；情节严重，符合《中华人民共和国刑法》第一百三十条规定的，以非法携带枪支、弹药、管制刀具、危险物品危及公共安全罪追究刑事责任。

（3）对"侮辱、殴打、威胁机关、单位工作人员，非法限制他人人身自由，或者毁坏财物"等情形，符合《中华人民共和国治安管理处罚法》第四十条、第四十二条、第四十三条、第四十九条规定的，以侮辱、威胁、殴打、故意伤害他人，非法限制人身自由，故意损毁公私财物依法予以治安管理处罚。情节严重，符合《中华人民共和国刑法》第二百三十四条、第二百三十八条、第二百四十六条、第二百七十五条规定的，以故意伤害罪、非法拘禁罪、侮辱罪、故意毁坏财物罪追究刑事责任。

（4）对 "在信访接待场所滞留、滋事，或者将生活不能自理的人弃留在信访接待场所" 等情形，符合《中华人民共和国治安管理处罚法》第二十三条第一款第一项规定的，以扰乱单位秩序依法予以治安管理处罚。

（5）对"煽动、串联、胁迫、以财物诱使、幕后操纵他人信访，或者以信访为名借机敛财" 等情形，符合《中华人民共和国治安管理处罚法》第二十三条第一款第一项、第二款规定的，以扰乱单位秩序、聚众扰乱单位秩序依法予以治安管理处罚。情节严重，符合

《中华人民共和国刑法》第二百九十条第一款规定的，对首要分子和其他积极参加者以聚众扰乱社会秩序罪追究刑事责任。

（6）对"其他扰乱公共秩序、妨害国家和公共安全的行为"等情形，符合《中华人民共和国治安管理处罚法》第三章第一、二、四节关于扰乱公共秩序、妨害公共安全、妨害社会管理相关规定的，依法予以治安管理处罚。情节严重，符合《中华人民共和国刑法》分则第一章、第二章、第六章关于危害国家安全罪、危害公共安全罪、妨害社会管理秩序罪相关规定的，依法追究刑事责任。

170. 什么是诬告陷害？对诬告陷害行为如何处罚？

诬告陷害是指捏造事实，作虚假告发，意图陷害他人，使他人受刑事追究的行为。

《信访工作条例》第四十七条第三款规定：信访人捏造歪曲事实、诬告陷害他人，构成违反治安管理行为的，依法给予治安管理处罚；构成犯罪的，依法追究刑事责任。

信访人捏造歪曲事实、诬告陷害他人，构成违反治安管理行为的，由公安机关按照治安管理处罚规定给予相应处罚。构成犯罪的，按照《中华人民共和国刑法》第二百四十三条第一款、第二款的规定进行处理：捏造事实诬告陷害他人，意图使他人受刑事追究，情节严重的，处三年以下有期徒刑、拘役或者管制；造成严重后果的，处三年以上十年以下有期徒刑。国家机关工作人员犯前款罪的，从重处罚。

共产党员政治品行恶劣，匿名诬告，有意陷害或者制造其他谣言，造成损害或者不良影响的，依照《中国共产党纪律处分条例》第五十二条第一款规定处理：制造、散布、传播政治谣言，破坏党的团结统一的，给予警告或者严重警告处分；情节较重的，给予撤销党内职务或者留党察看处分；情节严重的，给予开除党籍处分。

公职人员诬告陷害，意图使他人受到名誉损害或者责任追究等不良影响的，根据《中华人民共和国公职人员政务处分法》第三十二条规定，予以警告、记过或者记大过；情节较重的，予以降级或者撤职；情节严重的，予以开除。

第七章　网上信访（网上办理）

171. 什么是信访信息系统？

信访信息系统是指国家信访工作机构以及各级党委、政府依托互联网，为信访人在当地提出信访事项、查询信访事项办理情况提供便利而构建的全国信访信息系统。

172. 各级党委和政府信访信息化建设的职责是什么？

《信访工作条例》第二十一条规定：各级党委和政府应当加强信访工作信息化、智能化建设，依规依法有序推进信访信息系统互联互通、信息共享。各级机关、单位应当及时将信访事项录入信访信息系统，使网上信访、来信、来访、来电在网上流转，方便信访人查询、评价信访事项办理情况。

173. 什么是网上信访？网上信访有哪些优点？

网上信访是指公民、法人或者其他组织通过党委和政府设立的网站、电子信箱、手机客户端、微信公众号等平台反映情况，提出建议、意见或者投诉请求，依法由有关机关、单位处理的活动[①]。网上信访的优点有：

[①] 中央信访工作联席会议办公室，国家信访局.信访工作条例辅导读本[M].北京：中国法制出版社，2022：129.

（1）快捷高效。与传统的来信、来访不同，网上信访主要是通过互联网上的信访信息系统平台来实现信访人与党委和政府部门的互动，它不受时间与地域的限制，信访人无论在什么时间和地点，只要有网络，就可以通过网络向有关部门提出建议或反映诉求，极大地方便了信访人的诉求表达。

（2）成本低。信访人足不出户就能通过手机和电脑登录网站，在短时间内实现诉求表达，与传统的来信、来访相比，时间少、成本低。对于信访人来说，高效的诉求表达平台的搭建，实现了"数据多跑路、群众少跑腿"的目标。

（3）办理过程透明。信访事项受理、办理的每一个阶段，每一个节点，信访人都可通过信访信息系统平台对信访事项办理情况进行查询，及时跟踪了解信访事项的办理状态。有权处理机关、单位作出答复后，会在第一时间将信访处理意见书上传到信访信息系统，信访人可以通过信访信息系统平台查询办理结果，并对信访事项的办理情况进行满意度评价。

174. 信访事项网上办理对登记有哪些要求？

根据国家信访局《信访事项网上办理工作规程》第四条、第五条规定，通过信息网络、书信、电话、传真、走访等形式提出的信访事项均应客观、准确、及时登记录入信访信息系统。登记时应逐一录入信访人姓名（名称）、地址、信访人数、信访目的、问题属地、内容分类等要素，录入主要诉求、反映的情况、提出的建议意见以及相应的事实、理由及信访过程等。留有电话号码、身份证号码的应准确录入。

对采取走访形式的，应认真听取来访人的陈述，询问有关情况，并与来访人核实登记内容。

175. 党委和政府信访部门网上办理信访事项的期限和方式是什么？

国家信访局《信访事项网上办理工作规程》第六条规定：党委和政府信访部门对收到的信访事项，应区分情况，在15日内按下列方式处理：

（1）对依照法定职责属于本级机关、单位或者其工作部门处理决定的，应当转送有权处理的机关、单位；情况重大、紧急的，应当及时提出建议，报请本级党委和政府决定。

（2）涉及下级机关、单位或者其工作人员的，按照"属地管理、分级负责，谁主管、谁负责"的原则，转送有权处理的机关、单位。

（3）对转送信访事项中的重要情况需要反馈办理结果的，可以交由有权处理的机关、单位办理，要求其在指定办理期限内反馈结果，提交办结报告。

各级党委和政府信访部门对收到的涉法涉诉信件，应当转同级政法部门依法处理；对走访反映涉诉问题的信访人，应当释法明理，引导其向有关政法部门反映问题。对属于纪检监察机关受理的检举控告类信访事项，应当按照管理权限转有关纪检监察机关依规依纪依法处理。

176. 党委和政府信访部门以外的机关、单位如何网上办理信访事项？

国家信访局《信访事项网上办理工作规程》第十条规定：党委和政府信访部门以外的其他机关、单位收到信访人直接提出的信访事项后，应将信访人信息、信访事项录入信访信息系统，使网上信访、来信、来访、来电在网上流转，方便信访人查询、评价信访事项办理情况。

对属于本机关、单位职权范围的，应当告知信访人接收情况以及处理途径和程序；对属于本系统下级机关、单位职权范围的，应当转送、交办有权处理的机关、单位，并告知信访人转送交办去向；对不属于本机关、单位或者本系统职权范围的，应当告知信访人向有权处理的机关、单位提出。

177. 党委和政府信访部门以外的机关、单位网上办理信访事项，如何履行告知义务？

根据国家信访局《信访事项网上办理工作规程》第十条、第十一条、第十二条规定，党委和政府信访部门以外的其他机关、单位收到信访人直接提出的信访事项后，对属于本机关、单位职权范围的，应当告知信访人接收情况以及处理途径和程序；对属于本系统下级机关、单位职权范围的，应当转送、交办有权处理的机关、单位，并告知信访人转送交办去向；对不属于本机关、单位或者本系统职权范围的，应当告知信访人向有权处理的机关、单位提出。

对信访人直接提出的信访事项，有关机关、单位能够当场告知的，应当当场书面告知；不能当场告知的，应当在 15 日内书面告知信访人。

对党委和政府信访部门或者本系统上级机关、单位转送、交办的信访事项，属于本机关、单位职权范围的，有关机关、单位应当自收到之日起 15 日内书面告知信访人接收情况以及处理途径和程序；不属于本机关、单位或者本系统职权范围的，有关机关、单位应当自收到之日起 5 个工作日内提出异议，并详细说明理由，经转送、交办的信访部门或者上级机关、单位核实同意后，交还相关材料。

政法部门处理涉及诉讼权利救济事项、纪检监察机关处理检举控告事项的告知按照有关规定执行。

178. 有权处理的机关、单位如何网上办理建议意见类事项？

国家信访局《信访事项网上办理工作规程》第十三条规定：对信访人反映的情况、提出的建议意见类事项，有权处理的机关、单位应当认真研究论证，并酌情回复。

179. 有权处理的机关、单位如何网上办理检举控告类事项？

国家信访局《信访事项网上办理工作规程》第十四条规定：对信访人提出的检举控告类事项，纪检监察机关或者有权处理的机关、单位应当依规依纪依法接收、受理、办理和反馈。

180. 有权处理的机关、单位如何网上办理申诉求决类事项？

国家信访局《信访事项网上办理工作规程》第十五条规定：对信访人提出的申诉求决类事项，有权处理的机关、单位应当区分情况，分别按下列方式办理：

（1）应当通过审判机关诉讼程序或者复议程序、检察机关刑事立案程序或者法律监督程序、公安机关法律程序处理的，涉法涉诉信访事项未依法终结的，按照法律法规规定的程序处理。

（2）应当通过仲裁解决的，导入相应程序处理。

（3）可以通过党员申诉、申请复审等解决的，导入相应程序处理。

（4）可以通过行政复议、行政裁决、行政确认、行政许可、行政处罚等行政程序解决的，导入相应程序处理。

（5）属于申请查处违法行为、履行保护人身权或者财产权等合法权益职责的，依法履行或者答复。

（6）不属于以上情形的，应当调查核实，作出处理，出具处理意见书。

对上述第（6）项规定的信访事项应当自受理之日起 60 日内办结；情况复杂的，经本机关、单位负责人批准适当延长办理期限，但延长期限不得超过 30 日，并出具《延期办理告知书》。

181. 信访事项网上办理的流程是什么？

根据国家信访局《信访事项网上办理工作规程》第十六条规定：信访事项网上办理基本流程是：

（1）联系或视情约见信访人，听取信访人陈述事实和理由，必要时可以要求信访人、有关组织和人员说明情况。

（2）对信访人提出的事项进行核实，可以向其他组织和人员调查。

（3）对重大、复杂、疑难的信访事项，可以举行听证。

（4）经调查核实，依照有关法律、法规、规章及其他有关规定作出处理，出具《信访事项处理意见书》，属于下列情形的按照法律法规规定的程序处理：

① 应当通过审判机关诉讼程序或者复议程序、检察机关刑事立案程序或者法律监督程序、公安机关法律程序处理的，涉法涉诉信访事项未依法终结的，按照法律法规规定的程序处理。

② 应当通过仲裁解决的，导入相应程序处理。

③ 可以通过党员申诉、申请复审等解决的，导入相应程序处理。

④ 可以通过行政复议、行政裁决、行政确认、行政许可、行政处罚等行政程序解决的，导入相应程序处理。

⑤ 属于申请查处违法行为、履行保护人身权或者财产权等合法权益职责的，依法履行或者答复。

（5）落实处理意见。

182. 信访事项网上办理，对复查、复核有哪些规定？

国家信访局《信访事项网上办理工作规程》第十七条、第十八条规定：信访人请求复查（复核）的，复查（复核）机关、单位审查后，应出具《申请复查（复核）受理（不予受理）告知书》。受理的，应当自收到复查（复核）请求之日起 30 日内出具《信访事项复查（复核）意见书》。

有权处理（复查、复核）的机关、单位向信访人出具的告知书、处理（复查、复核）意见书等，均应按期送达信访人、填写送达回证并录入信访信息系统。

有关送达要求参照《民事诉讼法》相关规定。

183. 信访事项网上办理，哪些情形不予（不再）受理？

根据国家信访局《信访事项网上办理工作规程》第十九条规定，网上办理信访事项，对下列情形不予（不再）受理：

（1）对已经受理或者正在办理的，信访人在规定期限内向受理、办理机关、单位的上级机关、单位又提出同一信访事项的，上级机关、单位不予受理。

（2）对已有处理（复查）意见且正在复查（复核）期限内的，不予另行受理，应向信访人告知有关情况。

（3）对已有复核意见，仍然以同一事实和理由提出投诉请求的，不再受理，并向信访人告知有关情况。

184. 信访事项网上办理，对督查督办是如何规定的？

国家信访局《信访事项网上办理工作规程》第二十条、二十一条、二十二条对督查督办规定如下：

（1）对交办、转送的信访事项，交办、转送机关、单位要通过信访信息系统及时检查受理、办理情况，发现有关机关、单位存在违反信访工作规定受理、办理信访事项，办理信访事项推诿、敷衍、拖延、弄虚作假或者拒不执行信访处理意见等情形的，应当及时督办，并提出改进工作的建议。

（2）督办可通过网上督办、电话督办、发函督办、视频督办、约谈督办、实地督查等形式实施，推动信访事项依法及时就地解决。

（3）督办信访事项的督办建议和结果，要及时录入信访信息系统。

185. 信访事项网上办理，对信访事项的查询和评价是如何规定的？

国家信访局《信访事项网上办理工作规程》第二十三条、二十四条对信访事项的查询和评价规定如下：

（1）信访事项处理过程和办理结果要在网上及时向信访人反馈，主动接受监督，实现信访事项的可查询、可跟踪、可监督、可评价。

反馈内容包括：信访事项登记日期，党委和政府信访部门分级转交日期，向有权处理的机关、单位转交日期，有权处理的机关、单位出具的告知书、信访处理意见书、复查意见书、复核意见书及日期等。

（2）对纳入评价范围的来信、来访事项，采取短信、邮寄、告知等方式向信访人提供查询码，信访人凭查询码登录国家信访局门户网站查询、评价；对信访人未留手机号码的来信、来访事项，逐级转交后，由直接转交有权处理的机关、单位办理的党委和政府信访部门负责联系信访人，并告知查询码。

对纳入群众满意度评价的网上信访事项，信访人通过注册账户查询评价。

第八章　初次信访

186. 什么是初次信访和初次信访事项？

根据国家信访局《初次信访事项办理办法》第一条规定，初次信访，是指公民、法人或者其他组织采用信息网络、书信、电话、传真、走访等形式，首次向各级机关、单位反映情况，提出建议、意见或者投诉请求，依法依规应当由有关机关、单位作出处理的活动。采用本款规定的形式，反映的情况，提出的建议、意见或者投诉请求，称初次信访事项。

187. 初次信访事项办理的原则是什么？

初次信访事项办理工作，坚持"属地管理、分级负责，谁主管、谁负责"的原则，实行首办负责制。各级党委和政府信访部门以及其他机关、单位应当根据各自职责和有关规定，按照诉求合理的解决问题到位、诉求无理的思想教育到位、生活困难的帮扶救助到位、行为违法的依法处理的要求，依法按政策及时就地解决群众合法合理诉求，努力实现"让群众最多访一次"。

188. 各级党委和政府信访部门及其他机关、单位处理初次信访事项的职责是什么？

国家信访局《初次信访事项办理办法》第三条规定：各级党委和政府信访部门按照《信访工作条例》规定的程序、期限，负责受理、转送、交办信访人提出的初次信访事项，并进行协调、督办。

各级党委和政府信访部门以外的其他机关、单位按照《信访工作条例》规定的程序、期限，负责受理、办理法定职权范围内的初次信访事项，并书面答复信访人。包括以下两种情形：

（1）信访人首次向本机关、单位提出的信访事项；

（2）本级或上级党委和政府信访部门首次转送、交办的信访事项。

信访人向不同机关、单位或同一机关、单位不同部门提出信访事项的，先行收到的机关、单位或部门先行受理，并录入信访信息系统。

189. 各级党委和政府信访部门如何处理收到的初次信访事项？

国家信访局《初次信访事项办理办法》第五条规定：各级党委和政府信访部门收到初次信访事项，应在15日内区分不同情况，按下列方式处理：

（1）对申诉求决类初次信访事项，属于本级或下级机关、单位或者其工作部门处理决定的，按照"属地管理、分级负责，谁主管、谁负责"的原则，逐级转送有权处理的机关、单位；对有重要情况需要反馈办理结果的，可以交由有权处理的机关、单位办理，要求其在指定办理期限内反馈结果，提交办结报告。

（2）对建议意见类初次信访事项，其中有利于完善政策、改进工作、促进经济社会发展的，上报本级党委、政府作为决策参考，或转送有权处理的机关、单位研究。

（3）对收到的涉法涉诉信件，应当转送同级政法部门依法处理；对走访反映涉诉问题的信访人，应当释法明理，引导其向有关政法部门反映问题。

（4）对属于纪检监察机关受理的检举控告类初次信访事项，按照管理权限转送有关纪检监察机关依规依纪依法处理。

（5）地方各级党委和政府信访部门对情况重大、紧急的初次信访事项，应当及时提出建议报请本级党委和政府决定，并向上一级信访部门报告，同时报告国家信访局。

对通过信息网络收到的初次信访事项，应缩短转送、交办期限。

190. 各级党委和政府信访部门以外的其他机关、单位如何处理收到的初次信访事项？

国家信访局《初次信访事项办理办法》第六条规定：党委和政府信访部门以外的其他机关、单位收到初次信访事项，对属于本机关、单位或本系统下级机关、单位职权范围的，应当告知信访人接收情况、处理途径和程序、转送交办去向等；对不属于本机关、单位或本系统职权范围的，应当告知信访人向有权处理的机关、单位提出。能够当场告知的，应当当场书面告知；不能当场告知的，应当自收到信访事项之日起15日内书面告知。

对跨地区、跨部门、跨行业和人事分离、人户分离、人事户分离的初次信访事项，按照《信访工作条例》第二十四条和《国家信访局协调解决"三跨三分离"信访事项工作规则》明确的原则和程序划分责任、受理办理。

191. 对有权处理机关、单位办理初次信访事项有哪些要求?

国家信访局《初次信访事项办理办法》第七条规定：有权处理机关、单位应按照《信访工作条例》的规定，区分不同情况办理初次信访事项。对条例第三十一条第六项规定的初次信访事项，应在规定时限内向信访人出具信访处理意见书，告知请求复查的期限和机关、单位；收到复查（复核）请求的机关、单位，应当做好复查（复核）工作，并在规定的时限内出具复查（复核）意见书。

有权处理机关、单位出具的告知书、信访处理意见书、延期告知书、复查（复核）意见书应当要素齐全、格式正确、事实清楚、依据充分，并及时送达信访人或有关人员，严格履行签收等手续。相关文书及送达凭证均要及时录入信访信息系统。

有权处理机关、单位应当按期向交办机关反馈处理意见，督促有关机关、单位执行，并做好信访人的政策解释和疏导教育工作。

192. 对有关机关、单位的哪些违规情形应该提出改进工作、责任追究的建议?

国家信访局《初次信访事项办理办法》第九条第一款规定：各级党委和政府信访部门发现本级和下级有关机关、单位存在违反信访工作规定受理、办理信访事项，办理信访事项推诿、敷衍、拖延、弄虚作假或者拒不执行信访处理意见等情形的，应当及时督办并提出改进工作的建议；造成严重后果的，应当向有管理权限的机关、单位提出责任追究建议。

193. 对各级党委和政府信访部门在办理初次信访事项中的哪些情形应该追责？

国家信访局《初次信访事项办理办法》第九条第二款规定：各级党委和政府信访部门对收到的初次信访事项应当登记、转送、交办而未按规定登记、转送、交办，或者应当履行督办职责而未履行的，由其上级机关责令改正；造成严重后果的，按照《信访工作条例》的规定追究责任。

194. 初次信访办理工作由谁考核？怎样考核？

国家信访局《初次信访事项办理办法》第十条规定：各级党委和政府信访部门应当以依规依法及时就地解决信访问题为导向，定期考核下一级信访部门和有权处理机关、单位初次信访办理工作，并在一定范围内通报有关考核情况。

第九章 信访事项简易办理

195. 什么是信访事项简易办理？

2022年7月17日，国家信访局发布施行了《信访事项简易办理办法》。办法明确规定，信访事项简易办理是指各级机关、单位按照工作职责，针对诉求简单明了的信访事项，简化程序，缩短时限，更加方便快捷地受理、办理。

信访事项简易办理应当遵循依法合规、简便务实、灵活高效的原则。

196. 哪些初次信访事项适用简易办理程序？

根据国家信访局《信访事项简易办理办法》第四条规定，下列初次信访事项适用简易办理：

（1）事实清楚、责任明确、争议不大、易于解决的。

（2）提出咨询或意见建议、表达感谢，可以即时反馈的。

（3）涉及群众日常生产生活、时效性强，应当即时处理的。

（4）有关机关、单位已有明确承诺或结论的。

（5）其他可以简易办理的。

197. 哪些信访事项不适用简易办理程序?

国家信访局《信访事项简易办理办法》第五条规定,下列信访事项不适用简易办理:

(1)属于《信访工作条例》第三十一条前五项规定情形的;

(2)上级机关、单位交办的;

(3)可能对信访人诉求不予支持的;

(4)涉及多个责任主体或集体联名投诉的重大、复杂、疑难等不宜简易办理的。

198. 哪些机关、单位能决定信访事项是否适用简易办理? 怎样转送?

国家信访局《信访事项简易办理办法》第六条规定:信访事项是否适用简易办理,由有权处理的机关、单位决定,县级以上党委和政府信访部门以及上级机关、单位可以提出简易办理建议。

第七条规定:县级以上党委和政府信访部门以及上级机关、单位对提出简易办理建议的信访事项,可以通过信访信息系统直接转送有权处理的机关、单位,并抄送下一级信访部门;不具备直接转送条件的,各中间层级机关、单位应当依次在收到信访事项之日起 1 个工作日内通过信访信息系统完成转送。

199. 简易办理的信访事项,其受理、办理时限和告知方式有哪些规定?

国家信访局《信访事项简易办理办法》第八条、第九条规定了对适用简易办理的信访事项的受理、办理时限和告知方式。

（1）对适用简易办理的信访事项，有权处理的机关、单位应当在收到之日起3个工作日内决定是否受理。可以当即决定的，应当当即告知信访人。

除信访人要求出具纸质受理告知书的，可以当面口头或通过信息网络、电话、手机短信等快捷方式告知信访人。告知情况应当录入信访信息系统。

（2）对适用简易办理的信访事项，有权处理的机关、单位应当在受理之日起10个工作日内作出处理意见。可以当即答复的，应当当即出具处理意见。

除信访人要求出具纸质信访处理意见书的，可以通过信息网络、手机短信等快捷方式答复信访人。答复情况应当录入信访信息系统。

200. 信访事项的简易办理能否中途调整？

国家信访局《信访事项简易办理办法》第十条规定：有权处理的机关、单位在办理信访事项过程中，发现不宜简易办理或简易办理未得到妥善解决的，应当经本机关负责人批准，按照《信访工作条例》规定的普通程序继续办理。属上级党委和政府信访部门或者机关、单位提出简易办理建议的，应当向提出建议的机关、单位反馈情况并说明理由。

按照《信访工作条例》规定的普通程序继续办理的信访事项，办理时限从按照简易办理程序受理之日起计算。

201. 对适用简易办理的信访事项的哪些违规行为应该追责？

国家信访局《信访事项简易办理办法》第十一条规定：县级以上党委和政府信访部门以及有关机关、单位应当对简易办理工作加强指导和监督。对可以简易办理的信访事项推诿拖延，或者以简易办理为名损害信访人权益的，要督促限期改正；造成严重后果的，按照《信访工作条例》的规定追究责任。

第十章 涉法涉诉信访

202. 什么是涉法涉诉信访

涉法涉诉信访是指当事人对刑事执法、行政执法等权力部门在案件或问题处理上不满，认为受到了不法侵害或不公平的待遇，从而引发上访告状的行为。涉法涉诉信访案件是指信访中有属于人民法院、人民检察院、公安部门和司法行政部门处理的信访案件。

203. 什么是涉诉信访？

涉诉信访是专门针对诉讼发起的信访，其概念是最高人民法院 2004 年 4 月在长沙召开的全国涉诉信访工作会议上首次提出的，指与某一具体诉讼案件相联系，针对人民法院审判和执行案件的行为或结果，要求人民法院启动司法程序、实施一定诉讼行为的人民群众的来信和来访。

204. 什么是涉法涉诉信访事项？

涉法涉诉信访事项是指信访活动中属于人民法院、人民检察院、公安部门等司法行政部门处理和通过行政机关法定途径处理的信访事项。如涉及到诉讼、仲裁和行政复议的事项，均属于涉法涉诉信访事项。对依法应当通过诉讼、仲裁、行政复议等法定途径解决的信访事项，信访人应当依照有关法律、行政法规规定的程序向有关机关提出。

205. 什么是涉诉信访事项？

涉诉信访事项属于涉法涉诉信访事项的一部分，是指由人民法院通过法定程序处理的信访事项。如案件当事人或其他主体对人民法院正在办理或者已经办结的案件通过来信、来访等方式反映情况、申诉、投诉等。

206. 各级党委和政府信访部门对收到的涉法涉诉信访事项如何处理？

《信访工作条例》第二十二条第二款规定：各级党委和政府信访部门对收到的涉法涉诉信件，应当转送同级政法部门依法处理；对走访反映涉诉问题的信访人，应当释法明理，引导其向有关政法部门反映问题。

本款规定体现了"诉访分离"的原则，旨在信访工作入口处明晰信访与诉讼的界限，把涉及民商事、行政、刑事等诉讼权利救济的信访事项从普通信访体制中分离出来，由政法部门依法处理。

207. 哪些申诉求决类事项应通过涉法涉诉程序处理？

对信访人提出的申诉求决类事项，《信访工作条例》第三十一条第一项规定：应当通过审判机关诉讼程序或者复议程序、检察机关刑事立案程序或者法律监督程序、公安机关法律程序处理的，涉法涉诉信访事项未依法终结的，按照法律法规规定的程序处理。

各级政法部门对信访部门按规定转送的涉法涉诉信访事项，应当及时接收，依法处理。

对属于本机关、单位职权范围内的涉法涉诉信访事项，要认真审查信访材料，准确把握信访事项的性质和类别，一般应在 15 日内决定是否受理，并书面告知信访人；对不属于本机关、单位职权范围的信访事项，告知信访人向有权处理的机关、单位提出。

208. 哪些涉法涉诉信访事项应由人民法院处理？

根据国家信访局《涉法涉诉信访事项概念及认定规则》规定，已经、正在或者依法应当通过人民法院法定程序处理的事项。

（1）已经、正在通过人民法院法定程序处理的事项，是指人民法院对事项已经作出了具有法律效力的判决、裁定、决定等结论的事项，或者立案受理讼争事项后，尚未得出处理结论的事项。主要情形有：

① 对人民法院生效判决、裁定、调解书及决定不服的。

② 要求执行生效裁判的。

③ 对司法鉴定意见有异议，依法应当通过法庭质证或者向法庭申请补充鉴定、重新鉴定解决的。

④ 人民法院已经立案受理诉讼案件，或者采取了诉前财产保全、先予执行等措施的。

（2）应当通过人民法院法定程序处理的事项，是指按照法律规定，只能通过人民法院审判程序进行权利救济的事项。主要情形有：

① 根据《中华人民共和国刑事诉讼法》第二百一十条规定自诉中告诉才处理案件，包括《中华人民共和国刑法》第二百四十六条规定的侮辱、诽谤案，第二百五十七条规定的暴力干涉婚姻自由案，第二百六十条规定的虐待案，第二百七十条规定的侵占案。

② 当事人对仲裁裁决不服或者要求执行仲裁裁决的。

③ 经人民调解委员会调解达成调解协议后，当事人之间就调解协议的履行或者调解协议的内容发生争议的；人民法院依法确认调解协议有效，一方当事人拒绝履行或者未全部履行，对方当事人向人民法院申请强制执行的。

④ 不服行政机关作出的行政复议决定的。

⑤ 对政法部门办理的国家赔偿案件不服的。

209. 哪些涉法涉诉信访事项应由人民检察院处理？

根据国家信访局《涉法涉诉信访事项概念及认定规则》规定，已经、正在或者依法应当通过人民检察院法定程序处理的事项。

（1）已经、正在通过人民检察院法定程序处理的事项，是指符合人民检察院刑事立案、法律监督等法律程序受理条件，人民检察院已经通过相应法定程序作出有法律效力的结论或者仍在法定程序中，尚未作出结论的事项。主要情形有：

① 不服检察机关处理决定的。主要包括对自行侦查的案件采取拘传、取保候审和监视居住等强制措施的决定；批准逮捕犯罪嫌疑人、被告人的决定；按照管辖范围，对报案、控告、举报和自首材料进行审查，作出立案的决定；审查起诉决定。

② 反映检察机关违法办案的。

③ 公安机关办理的刑事案件，人民检察院已提起公诉或作出不起诉决定，信访人对案件事实、证据提出异议的。

（2）应当通过人民检察院法定程序处理的事项，是指按照法律规定只能通过人民检察院刑事立案、法律监督等法定程序实现权利救济的争议事项。主要情形有：

① 要求追究应由人民检察院管辖的犯罪行为的刑事责任的，主要包括国家机关工作人

员利用职权实施非法拘禁、刑讯逼供、报复陷害、暴力取证、虐待被监管人、非法搜查等侵犯公民人身权利、民主权利的违法行为。

② 反映检察机关处理群众举报线索久拖不决或未查处、未答复的。

③ 针对《中华人民共和国刑事诉讼法》第一百一十七条规定的公安机关违法侦查活动或违法采取刑事强制措施，信访人向公安机关申诉、控告后，对处理决定仍不服或未在规定时间内得到答复的。

④ 检察机关为赔偿义务机关，请求检察机关进行国家赔偿的。

⑤ 对人民检察院所属鉴定机构及其鉴定人在执业中的违纪违法行为进行举报和投诉的。

⑥ 要求检察机关实行侦查活动监督，刑事审判活动监督，刑事判决、裁定监督，死刑复核法律监督，羁押和办案期限监督，看守所执法活动监督，刑事判决、裁定执行监督，强制医疗执行监督的控告或者申诉的。

⑦ 不服公安机关刑事处理决定，以及对侦查活动违法行为的申诉或控告处理决定，要求检察机关进行法律监督的。

⑧ 不服人民法院生效法律文书，反映审判人员审判程序中有违法行为，以及执行活动中的违法情形，要求检察机关进行法律监督的。

⑨ 反映检察人员违法违纪的。

210. 哪些涉法涉诉信访事项应由公安机关处理？

根据国家信访局《涉法涉诉信访事项概念及认定规则》规定，已经、正在或者依法应当通过公安机关法定程序处理的事项。

（1）对公安机关正在办理的刑事案件，就办案程序提出复议、复核的。

（2）反映公安机关违法侦查活动或违法采取刑事强制措施，向公安机关申诉、控告的。

（3）对公安机关行政处罚、行政许可、行政强制措施等行政行为不服，要求公安机关行政复议的。

（4）对公安机关交通事故认定及委托鉴定等不服，要求公安机关复核或重新鉴定的。

（5）对公安机关及人民警察违法行使职权，造成损害，要求取得国家赔偿的。

（6）对公安机关正在办理的行政、刑事、行政复议、国家赔偿案件，要求了解案件办理情况和结果的。

（7）对公安机关所属鉴定机构及其鉴定人在执业中的违纪违法行为进行举报和投诉的。

（8）当事人和辩护人、诉讼代理人、利害关系人认为公安机关及其工作人员有《中华人民共和国刑事诉讼法》第一百一十七条规定的行为，向办理案件的公安机关申诉或者控告的。

（9）要求追究刑事责任，不服公安机关不予立案侦查的决定的。

211. 哪些涉法涉诉信访事项应由司法行政机关处理？

根据国家信访局《涉法涉诉信访事项概念及认定规则》规定，已经、正在或者依法应当通过司法行政机关法定程序处理的事项。

（1）对司法行政机关作出的行政处罚、行政许可、行政强制措施等行政行为不服，申请行政复议的。

（2）对司法行政机关及其工作人员违法行使职权造成损害，要求取得国家赔偿的。

（3）对司法行政机关作出的赔偿决定不服或者在规定期限内未作出赔偿决定，申请复议的。

第十一章 国家信访局信访工作

212. 国家信访局办理群众来信原则是什么？

根据《国家信访局办理群众来信工作规则》第三条规定，国家信访局办理群众来信工作原则是：党政同责、一岗双责；属地管理、分级负责，谁主管、谁负责；突出重点、兼顾一般，注重时效、急事急办；公开透明、便捷高效，方便群众、接受监督。

213. 国家信访局受理群众来信的范围是什么？对签收有什么规定？

《国家信访局办理群众来信工作规则》第二章第四条、第五条、第六条对群众来信的受理范围、来信签收作出明确规定：

（1）国家信访局负责办理国内群众和境外人士写给中共中央、国务院，中央政治局委员，中央书记处书记，国家主席、副主席，国务院总理、副总理、国务委员（以下简称中央领导同志）以及中共中央办公厅、国务院办公厅和本局的来信。

（2）本规则所称"来信"，主要包括信函、贺卡、明信片、汇款单、包裹等。

（3）工作人员对邮政或其他渠道的来信进行签收，做到件件留痕，有据可查。

214. 国家信访局对群众来信登记有什么要求？

《国家信访局办理群众来信工作规则》第三章第七条、第八条、第九条对群众来信的登记作出明确规定：

（1）办信人员在国家信访信息系统中登记处理群众来信，确保基本数据准确、完整。

（2）对本机构初次来信，要做到应扫描尽扫描，件件留痕。

（3）办信人员要在来信首页右上角空白处加盖当日收信专用戳记，戳记印迹要端正、清晰。

215. 国家信访局如何办理群众来信？

《国家信访局办理群众来信工作规则》第四章第十条至第十九条对群众来信的办理作出明确规定：

（1）群众来信登记完毕后，要按照《信访工作条例》第二十二条规定，区分情况，在15日内采取不同方式办理。有紧急事项的要及时妥善处理。

（2）办理群众来信的基本方式有：上报、转送、交办、通报、告知、回复、抄送、拒收退回等。

（3）上报主要是向中央领导同志反映有重要参考价值的来信信息，为中央领导同志科学民主决策服务。

（4）转送、交办主要是将群众来信提出的信访事项转送、交办有权处理的机关、单位处理。

（5）通报主要是向地方党委、政府、信访工作联席会议和中央有关部门通报群众来信反映比较突出、集中或带有地区性、倾向性、苗头性的问题，提出进一步改进工作、完善措施的相关建议。

（6）告知和回复。具备告知、回复条件的，可视来信内容和来信人的具体情况，分别采取手机短信、书面、电话等方式予以处理。

（7）抄送主要是抄请相关机关、单位知悉相关情况，并指导督促基层党组织和基层单位继续做好疏导教育、矛盾化解和帮扶救助等工作。

（8）拒收退回主要是指将汇款单、包裹以及来信夹带的钱款、证件、贵重物品等退回来信人。其余来信不予退回。

（9）对相关机关、单位已经受理或正在办理过程中，且已作出告知，信访人仍以同一事实和理由继续重复反映同一事项的来信，以及内容不清等来信，作"存"处理。

（10）重要来信事项，按照审阅审批职责权限送审，并采取相应的公文形式进行处理。

216. 国家信访局对办理群众来信的督查督办有哪些规定？

《国家信访局办理群众来信工作规则》第五章第二十条至第二十三条对办理群众来信的督查督办作出明确规定：

（1）督查督办工作严格执行《信访工作条例》和国家信访局有关督查督办工作的规定。

（2）对发现有《信访工作条例》第四十条、四十三条规定情形的，及时督办，提出改进工作的建议。

（3）督查督办主要采取网上、电话、发函、视频、约谈等方式进行。

（4）根据工作需要，按程序报批后可组织实地督查督办，推动问题解决，矛盾化解。

217. 国家信访局办信人员应该遵守哪些工作纪律？

《国家信访局办理群众来信工作规则》第六章第二十四条、第二十五条对办信人员工作纪律和保密要求作出规定：

（1）办信人员要严格遵守国家信访局各项工作纪律，在《信访工作条例》规定时限内及时办理来信，不得擅自处理随信寄来的钱款、有价证券等物品。办信人员与信访事项或来信人有直接利害关系的，应当回避。

（2）办信人员要严格遵守保密规定，不得向无关人员扩散来信内容，不准擅自将信件带出机关。来信统计数据等，未经批准，不得对外提供。

218. 国家信访局接待群众来访工作职责是什么？

根据《国家信访局接待群众来访工作规则》规定，国家信访局接待群众来访工作职责是：接待公民、法人或者其他组织向党中央、国务院和中共中央办公厅、国务院办公厅及其领导同志反映情况，提出建议、意见或者投诉请求的来访。交办、转送、督办来访事项，协调处理重大、疑难来访问题，综合分析来访信息，开展调查研究，及时、准确地向党中央、国务院和中共中央办公厅、国务院办公厅领导同志反映重要来访情况，向地方和部门通报群众来访及来访事项处理情况，提出完善政策和改进工作建议。

219. 国家信访局接待群众来访工作原则是什么？

根据《国家信访局接待群众来访工作规则》规定，国家信访局接待群众来访工作原则是：坚持党的全面领导；坚持以人民为中心；坚持落实信访工作责任；坚持依法按政策解决问题；坚持源头治理化解矛盾；坚持依法逐级走访；坚持树立正确导向。

220. 国家信访局接待群众来访应如何登记？

根据《国家信访局接待群众来访工作规则》规定，国家信访局接待群众来访登记程序是：

对群众来访提出的信访事项应及时、全面、客观、准确登记录入国家信访信息系统。对属于国家信访局受理范围的，以及下级机关、单位受理办理存在程序不规范、责任不落实等问题的来访事项，一般应进一步接谈，详细了解情况。

对进一步接谈的来访事项，要通过国家信访信息系统向接谈员分配接谈任务，同时在排号单上加盖接谈印章，填写接谈室号，交来访人作为接谈凭证。

对登记疏导的，登记人员要认真倾听群众反映的诉求，深入细致地做好思想疏导、政策解释和路径指引工作。

221. 国家信访局接待群众来访应如何接谈？

根据《国家信访局接待群众来访工作规则》规定，国家信访局接待群众来访接谈程序是：

（1）接谈人员要核对来访人的身份证或其他有效证件，阅看相关材料，听取来访人的陈述，询问有关情况，引导来访人详细叙述建议、意见或者投诉请求，讲清事实和理由，核实来访登记信息，并在国家信访信息系统中录入以下内容：来访人反映问题的主要情况、诉求及理由，来访人以往的信访过程及有关机关、单位的办理情况，本次来访处理情况，告知来访人的内容。

（2）接谈后，对于转送、交办、督办的来访事项，引导来访人返回属地，向有权处理的机关、单位反映并配合调查核实处理。有法定途径的，引导来访人配合有关机关、单位按照法定程序处理。

（3）对疑难、复杂、敏感及群体性、政策性等来访事项，可协调相关地方、部门进行联合接待。

222. 国家信访局处理群众来访事项有哪些规定？

根据《国家信访局接待群众来访工作规则》规定，国家信访局对群众来访事项应在 15 日内按下列方式处理：

（1）对依照职责属于中央和国家机关、单位或其工作部门处理决定的，转送有权处理的机关、单位。

（2）对涉及省级及以下机关、单位或其工作人员的，按照"属地管理、分级负责，谁主管、谁负责"的原则，转送有权处理的机关、单位。

对来访人提出的信访事项，按照信访事项的性质和管辖层级，引导来访人到有权处理的本级或者上一级机关、单位设立或指定的接待场所提出。对反映涉诉问题的，引导来访人向有关政法部门反映问题。

已经受理或正在办理，已作出处理、复查意见且在请求复查、复核期限内，来访人又提出同一信访事项的，不予受理。对复核意见不服，来访人仍然以同一事实和理由提出投诉请求的，不再受理。对不予受理、不再受理的，向来访人宣传有关法律法规，做好疏导引导工作。

223. 国家信访局接待群众来访的特殊情况如何处理？

根据《国家信访局接待群众来访工作规则》规定，国家信访局接待群众来访特殊情况处理方式是：

（1）异常情况处置。

来访人的行为有下列情形之一的，接待工作人员应对其进行劝阻、批评或者教育；经劝阻、批评和教育无效的，交由公安机关依法处置：

① 在机关周围非法聚集，围堵、冲击机关，拦截公务车辆，或者堵塞、阻断交通；

② 携带危险物品、管制器具；

③ 侮辱、殴打、威胁国家机关工作人员，非法限制他人人身自由，或者毁坏财物；

④ 在信访接待场所滞留、滋事，或者将生活不能自理的人弃留在信访接待场所；

⑤ 煽动、串联、胁迫、以财物诱使、幕后操纵他人信访或者以信访为名借机敛财；

⑥ 其他扰乱公共秩序、妨害国家和公共安全的行为。

（2）来访人患病情况的处置。

① 来访人在接待过程中患病需紧急救治的，应迅速通知医务人员到场，必要时送医院急救。

② 来访人患有恶性传染病的，应迅速通知北京市卫生健康部门处置。

（3）其他。

① 来访人赠送中央领导同志的礼品，原则上不予接受，并做好解释，表达谢意。

② 来访人的食宿、交通等费用自理。

224. 国家信访局接待群众来访的工作人员应该遵守哪些工作纪律?

根据《国家信访局接待群众来访工作规则》规定,国家信访局接待群众来访的工作人员应该遵守的工作纪律是:

接待工作人员要严格遵守国家信访局各项工作纪律。在接待过程中,不得擅自向来访人就来访事项的处理作实质性的表态或透露内部研究的情况;不得接受来访人赠送的礼品、礼金或有价证券。

与来访人或者来访事项有直接利害关系的接待工作人员应当回避,不得干预接待工作或擅自办理来访事项。

225. 什么是群众满意度评价?

《信访事项办理群众满意度评价工作办法(试行)》第三条规定:群众满意度评价是指信访人(即评价主体)对各级党委和政府信访部门以及有权处理的机关、单位(即评价对象)处理信访事项工作情况作出的评价。

226. 哪些信访事项可进行群众满意度评价?

《信访事项办理群众满意度评价工作办法(试行)》第四条规定:满意度评价的范围是通过国家信访信息系统初次登记受理办理的信访事项。

对属于下列信访事项的,可依据相关法律法规另行作出满意度评价规定:

(1)检举控告类事项。

（2）申诉求决类事项。一是应当通过审判机关诉讼程序或者复议程序、检察机关刑事立案程序或者法律监督程序、公安机关法律程序处理的，涉法涉诉信访事项未依法终结的；二是应当通过仲裁解决的；三是可以通过党员申诉、申请复审等解决的；四是可以通过行政复议、行政裁决、行政确认、行政许可、行政处罚等行政程序解决的；五是属于申请查处违法行为，履行保护人身权或者财产权等合法权益职责，依法履行或者答复的。

依法依规不宜公开的信访事项，不纳入满意度评价的范围。

227. 群众满意度评价工作原则是什么？

《信访事项办理群众满意度评价工作办法（试行）》第五条规定：满意度评价工作坚持谁初次办理、谁负责公开、谁接受评价的原则；坚持服务群众、依靠群众、让群众参与、由群众评价的原则；坚持公开透明、接受监督、主动改进工作的原则；坚持科学管理、落实责任、严明纪律、提高效能的原则。

228. 国家信访局登记的信访事项分级转送、交办时限是多久？

《信访事项办理群众满意度评价工作办法（试行）》第六条规定：各级党委和政府信访部门登记受理的信访事项应在 15 日内分级完成向有权处理的机关、单位转送、交办工作。国家信访局登记的信访事项，分级转送、交办时限一般为：国家信访局 5 日内、省级信访部门 3 日内、市（地）级信访部门 3 日内、县级信访部门 4 日内。

229. 各级机关、单位应如何强化信访事项办理？

《信访事项办理群众满意度评价工作办法（试行）》第七条规定：各级机关、单位应当健全完善信访事项办理制度，按照"三到位一处理"要求，落实首问首办责任，通过督查、回访、约谈、群众评价等方式，强化过程监督，实施结果问效，推动问题解决。

230. 各级机关、单位应通过国家信访信息系统向信访人公开哪些信息？

《信访事项办理群众满意度评价工作办法（试行）》第八条规定：各级机关、单位应当依托国家信访信息系统及时向信访人公开信访事项处理进展以及结果，主动接受监督。公开内容包括：信访事项登记日期，党委和政府信访部门分级转交日期，向有权处理的机关、单位转交日期，有权处理的机关、单位出具的告知单、信访处理意见书及日期等。

231. 各级机关、单位应为信访人查询、评价信访事项办理情况提供哪些便利条件？

《信访事项办理群众满意度评价工作办法（试行）》第九条规定：各级机关、单位应当加大宣传力度，依托国家信访信息系统，为信访人查询、评价信访事项办理情况提供便利条件，通过短信通知、系统提醒、回复回访等方式，积极引导信访人进行满意度评价。

国家信访局对纳入评价范围的来信、来访事项，采取短信、邮寄、告知等方式向信访人提供查询码，信访人凭查询码登录国家信访局门户网站查询、评价；对信访人未留手机号码的来信、来访事项，逐级转交后，由直接转交有权处理的机关、单位办理的党委和政府信访部门负责联系信访人，并告知查询码。

国家信访局登记受理的、应当纳入评价范围的网上信访事项，信访人通过注册账户查询、评价。

232. 信访人对有关机关、单位进行满意度评价的期限有何规定?

《信访事项办理群众满意度评价工作办法（试行）》第十条规定：信访人自信访部门登记受理信访事项之日起，一般可对信访部门进行满意度评价。信访人在办理期限内自收到信访处理意见书（或超过办理期限未收到信访处理意见书）之日起，30 日内可对有权处理的机关、单位进行满意度评价。超期未作评价的，视为放弃评价。

233. 信访事项办理群众满意度评价包括哪些内容?

《信访事项办理群众满意度评价工作办法（试行）》第十一条规定，满意度评价内容包括：

（1）对党委和政府信访部门的评价内容：工作人员的服务态度和工作效率等方面。

（2）对有权处理的机关、单位的评价内容：工作人员的服务态度和工作效率、在规定期限内作出告知、依法按政策解决信访问题、按期出具信访处理意见书并送达等方面。

评价设满意、基本满意、不满意三个选项；设"留言"栏，供信访人填写评价意见。

234. 信访部门如何对满意度评价工作进行考核?

《信访事项办理群众满意度评价工作办法（试行）》第十三条规定：各级党委和政府信访部门和有权处理的机关、单位要高度重视满意度评价工作。国家信访局对各地各部门满意度评价总体情况和存在的突出问题，及时进行综合分析和通报。

各级党委和政府信访部门要把满意度评价结果纳入党委、政府信访工作绩效考核内容，作为评选表彰的参考。对评价工作中群众反映强烈的突出问题，及时报告本级党委、政府和信访工作联席会议。

235. 有关机关、单位如何对满意度评价工作进行督导检查？

《信访事项办理群众满意度评价工作办法（试行）》第十四条规定：各级党委和政府信访部门以及有权处理的机关、单位要加强对满意度评价工作的督导检查。对工作不到位、责任不落实，推诿扯皮、弄虚作假的，要视情予以通报批评；造成严重后果的，要依照相关规定严肃追究责任。

236. 国家信访局网上信访渠道有几种？

国家信访局为推进阳光信访，积极拓宽网上信访渠道，目前有三种网上信访渠道供信访人选择，信访人足不出户即可通过国家信访局网站（国家信访信息系统）、手机信访 App 或国家信访局微信公众号等互联网上的信访平台随时随地反映诉求、提出意见和建议，查询跟踪信访事项处理过程和办理结果，进行满意度评价。以上三种渠道的用户账号是通用的，通过一种方式注册以后在另外两种渠道也可以登录使用。

237. 国家信访局网上信访流程是什么？

（1）注册。按要求如实填写个人信息。

（2）登录。通过姓名、证件号码或手机号码登录。

（3）提交。通过"投诉请求"或"建议征集"窗口提交。

（4）查询。查询提交信访事项的受理、办理情况。

（5）评价。对信访事项受理办理情况进行评价。

238. 国家信访局网上信访发挥了哪些作用？

随着网上信访信息系统优化和深度应用，网上信访已成为群众信访主渠道，在信访总量中的占比逐年提高。特别是手机信访、微信信访开通后，全国30个省份实现网上信访向"掌上"延伸。

（1）信访人可随时随地提出信访事项，并能够及时了解信访事项的受理、办理情况。

（2）便于上级机关、单位对有权处理机关、单位受理、办理信访事项情况进行监督检查指导。

（3）各级机关、单位对信访事项的受理、办理等信访信息的共享，既可以避免重复受理、办理，降低成本，提高效率，同时也可以避免信访人重复投诉，让信访人"最多投一次"。

（4）便于统计，便于查询，通过数据分析可以及时掌握信访动态，科学决策。

附录

附录一：信访工作条例

（2022 年 1 月 24 日中共中央政治局会议审议批准，2022 年 2 月 25 日中共中央、国务院发布）

第一章 总则

第一条 为了坚持和加强党对信访工作的全面领导，做好新时代信访工作，保持党和政府同人民群众的密切联系，制定本条例。

第二条 本条例适用于各级党的机关、人大机关、行政机关、政协机关、监察机关、审判机关、检察机关以及群团组织、国有企事业单位等开展信访工作。

第三条 信访工作是党的群众工作的重要组成部分，是党和政府了解民情、集中民智、维护民利、凝聚民心的一项重要工作，是各级机关、单位及其领导干部、工作人员接受群众监督、改进工作作风的重要途径。

第四条 信访工作坚持以马克思列宁主义、毛泽东思想、邓小平理论、"三个代表"重要思想、科学发展观、习近平新时代中国特色社会主义思想为指导，贯彻落实习近平总书记关于加强和改进人民信访工作的重要思想，增强"四个意识"、坚定"四个自信"、做到

"两个维护"，牢记为民解难、为党分忧的政治责任，坚守人民情怀，坚持底线思维、法治思维，服务党和国家工作大局，维护群众合法权益，化解信访突出问题，促进社会和谐稳定。

第五条 信访工作应当遵循下列原则：

（一）坚持党的全面领导。把党的领导贯彻到信访工作各方面和全过程，确保正确政治方向。

（二）坚持以人民为中心。践行党的群众路线，倾听群众呼声，关心群众疾苦，千方百计为群众排忧解难。

（三）坚持落实信访工作责任。党政同责、一岗双责，属地管理、分级负责，谁主管、谁负责。

（四）坚持依法按政策解决问题。将信访纳入法治化轨道，依法维护群众权益、规范信访秩序。

（五）坚持源头治理化解矛盾。多措并举、综合施策，着力点放在源头预防和前端化解，把可能引发信访问题的矛盾纠纷化解在基层、化解在萌芽状态。

第六条 各级机关、单位应当畅通信访渠道，做好信访工作，认真处理信访事项，倾听人民群众建议、意见和要求，接受人民群众监督，为人民群众服务。

第二章 信访工作体制

第七条 坚持和加强党对信访工作的全面领导，构建党委统一领导、政府组织落实、信访工作联席会议协调、信访部门推动、各方齐抓共管的信访工作格局。

第八条 党中央加强对信访工作的统一领导：

（一）强化政治引领，确立信访工作的政治方向和政治原则，严明政治纪律和政治规矩；

（二）制定信访工作方针政策，研究部署信访工作中事关党和国家工作大局、社会和谐稳定、群众权益保障的重大改革措施；

（三）领导建设一支对党忠诚可靠、恪守为民之责、善做群众工作的高素质专业化信访工作队伍，为信访工作提供组织保证。

第九条 地方党委领导本地区信访工作，贯彻落实党中央关于信访工作的方针政策和决策部署，执行上级党组织关于信访工作的部署要求，统筹信访工作责任体系构建，支持和督促下级党组织做好信访工作。

地方党委常委会应当定期听取信访工作汇报，分析形势，部署任务，研究重大事项，解决突出问题。

第十条 各级政府贯彻落实上级党委和政府以及本级党委关于信访工作的部署要求，科学民主决策、依法履行职责，组织各方力量加强矛盾纠纷排查化解，及时妥善处理信访事项，研究解决政策性、群体性信访突出问题和疑难复杂信访问题。

第十一条 中央信访工作联席会议在党中央、国务院领导下，负责全国信访工作的统筹协调、整体推进、督促落实，履行下列职责：

（一）研究分析全国信访形势，为中央决策提供参考；

（二）督促落实党中央关于信访工作的方针政策和决策部署；

（三）研究信访制度改革和信访法治化建设重大问题和事项；

（四）研究部署重点工作任务，协调指导解决具有普遍性的信访突出问题；

（五）领导组织信访工作责任制落实、督导考核等工作；

（六）指导地方各级信访工作联席会议工作；

（七）承担党中央、国务院交办的其他事项。

中央信访工作联席会议由党中央、国务院领导同志以及有关部门负责同志担任召集人，各成员单位负责同志参加。中央信访工作联席会议办公室设在国家信访局，承担联席会议的日常工作，督促检查联席会议议定事项的落实。

第十二条　中央信访工作联席会议根据工作需要召开全体会议或者工作会议。研究涉及信访工作改革发展的重大问题和重要信访事项的处理意见，应当及时向党中央、国务院请示报告。

中央信访工作联席会议各成员单位应当落实联席会议确定的工作任务和议定事项，及时报送落实情况；及时将本领域重大敏感信访问题提请联席会议研究。

第十三条　地方各级信访工作联席会议在本级党委和政府领导下，负责本地区信访工作的统筹协调、整体推进、督促落实，协调处理发生在本地区的重要信访问题，指导下级信访工作联席会议工作。联席会议召集人一般由党委和政府负责同志担任。

地方党委和政府应当根据信访工作形势任务，及时调整成员单位，健全规章制度，建立健全信访信息分析研判、重大信访问题协调处理、联合督查等工作机制，提升联席会议工作的科学化、制度化、规范化水平。

根据工作需要，乡镇党委和政府、街道党工委和办事处可以建立信访工作联席会议机制，或者明确党政联席会定期研究本地区信访工作，协调处理发生在本地区的重要信访问题。

第十四条　各级党委和政府信访部门是开展信访工作的专门机构，履行下列职责：

（一）受理、转送、交办信访事项；

（二）协调解决重要信访问题；

（三）督促检查重要信访事项的处理和落实；

（四）综合反映信访信息，分析研判信访形势，为党委和政府提供决策参考；

（五）指导本级其他机关、单位和下级的信访工作；

（六）提出改进工作、完善政策和追究责任的建议；

（七）承担本级党委和政府交办的其他事项。

各级党委和政府信访部门以外的其他机关、单位应当根据信访工作形势任务，明确负责信访工作的机构或者人员，参照党委和政府信访部门职责，明确相应的职责。

第十五条　各级党委和政府以外的其他机关、单位应当做好各自职责范围内的信访工作，按照规定及时受理办理信访事项，预防和化解政策性、群体性信访问题，加强对下级机关、单位信访工作的指导。

各级机关、单位应当拓宽社会力量参与信访工作的制度化渠道，发挥群团组织、社会组织和"两代表一委员"、社会工作者等作用，反映群众意见和要求，引导群众依法理性反映诉求、维护权益，推动矛盾纠纷及时有效化解。

乡镇党委和政府、街道党工委和办事处以及村（社区）"两委"应当全面发挥职能作用，坚持和发展新时代"枫桥经验"，积极协调处理化解发生在当地的信访事项和矛盾纠纷，努力做到小事不出村、大事不出镇、矛盾不上交。

第十六条　各级党委和政府应当加强信访部门建设，选优配强领导班子，配备与形势任务相适应的工作力量，建立健全信访督查专员制度，打造高素质专业化信访干部队伍。各级党委和政府信访部门主要负责同志应当由本级党委或者政府副秘书长〔办公厅（室）副主任〕兼任。

各级党校（行政学院）应当将信访工作作为党性教育内容纳入教学培训，加强干部教育培训。

各级机关、单位应当建立健全年轻干部和新录用干部到信访工作岗位锻炼制度。

各级党委和政府应当为信访工作提供必要的支持和保障，所需经费列入本级预算。

第三章　信访事项的提出和受理

第十七条　公民、法人或者其他组织可以采用信息网络、书信、电话、传真、走访等形式，向各级机关、单位反映情况，提出建议、意见或者投诉请求，有关机关、单位应当依规依法处理。

采用前款规定的形式，反映情况，提出建议、意见或者投诉请求的公民、法人或者其他组织，称信访人。

第十八条　各级机关、单位应当向社会公布网络信访渠道、通信地址、咨询投诉电话、信访接待的时间和地点、查询信访事项处理进展以及结果的方式等相关事项，在其信访接待场所或者网站公布与信访工作有关的党内法规和法律、法规、规章，信访事项的处理程序，以及其他为信访人提供便利的相关事项。

各级机关、单位领导干部应当阅办群众来信和网上信访、定期接待群众来访、定期下访，包案化解群众反映强烈的突出问题。

市、县级党委和政府应当建立和完善联合接访工作机制，根据工作需要组织有关机关、单位联合接待，一站式解决信访问题。

任何组织和个人不得打击报复信访人。

第十九条　信访人一般应当采用书面形式提出信访事项，并载明其姓名（名称）、住址和请求、事实、理由。对采用口头形式提出的信访事项，有关机关、单位应当如实记录。

信访人提出信访事项，应当客观真实，对其所提供材料内容的真实性负责，不得捏造、歪曲事实，不得诬告、陷害他人。

信访事项已经受理或者正在办理的，信访人在规定期限内向受理、办理机关、单位的上级机关、单位又提出同一信访事项的，上级机关、单位不予受理。

第二十条 信访人采用走访形式提出信访事项的，应当到有权处理的本级或者上一级机关、单位设立或者指定的接待场所提出。

信访人采用走访形式提出涉及诉讼权利救济的信访事项，应当按照法律法规规定的程序向有关政法部门提出。

多人采用走访形式提出共同的信访事项的，应当推选代表，代表人数不得超过5人。

各级机关、单位应当落实属地责任，认真接待处理群众来访，把问题解决在当地，引导信访人就地反映问题。

第二十一条 各级党委和政府应当加强信访工作信息化、智能化建设，依规依法有序推进信访信息系统互联互通、信息共享。

各级机关、单位应当及时将信访事项录入信访信息系统，使网上信访、来信、来访、来电在网上流转，方便信访人查询、评价信访事项办理情况。

第二十二条 各级党委和政府信访部门收到信访事项，应当予以登记，并区分情况，在15日内分别按照下列方式处理：

（一）对依照职责属于本级机关、单位或者其工作部门处理决定的，应当转送有权处理的机关、单位；情况重大、紧急的，应当及时提出建议，报请本级党委和政府决定。

（二）涉及下级机关、单位或者其工作人员的，按照"属地管理、分级负责，谁主管、谁负责"的原则，转送有权处理的机关、单位。

（三）对转送信访事项中的重要情况需要反馈办理结果的，可以交由有权处理的机关、单位办理，要求其在指定办理期限内反馈结果，提交办结报告。

各级党委和政府信访部门对收到的涉法涉诉信件，应当转送同级政法部门依法处理；对走访反映涉诉问题的信访人，应当释法明理，引导其向有关政法部门反映问题。对属于纪检监察机关受理的检举控告类信访事项，应当按照管理权限转送有关纪检监察机关依规依纪依法处理。

第二十三条 党委和政府信访部门以外的其他机关、单位收到信访人直接提出的信访事项，应当予以登记；对属于本机关、单位职权范围的，应当告知信访人接收情况以及处理途径和程序；对属于本系统下级机关、单位职权范围的，应当转送、交办有权处理的机关、单位，并告知信访人转送、交办去向；对不属于本机关、单位或者本系统职权范围的，应当告知信访人向有权处理的机关、单位提出。

对信访人直接提出的信访事项，有关机关、单位能够当场告知的，应当当场书面告知；不能当场告知的，应当自收到信访事项之日起15日内书面告知信访人，但信访人的姓名（名称）、住址不清的除外。

对党委和政府信访部门或者本系统上级机关、单位转送、交办的信访事项，属于本机关、单位职权范围的，有关机关、单位应当自收到之日起15日内书面告知信访人接收情况以及处理途径和程序；不属于本机关、单位或者本系统职权范围的，有关机关、单位应当自收到之日起5个工作日内提出异议，并详细说明理由，经转送、交办的信访部门或者上级机关、单位核实同意后，交还相关材料。

政法部门处理涉及诉讼权利救济事项、纪检监察机关处理检举控告事项的告知按照有关规定执行。

第二十四条　涉及两个或者两个以上机关、单位的信访事项，由所涉及的机关、单位协商受理；受理有争议的，由其共同的上一级机关、单位决定受理机关；受理有争议且没有共同的上一级机关、单位的，由共同的信访工作联席会议协调处理。

应当对信访事项作出处理的机关、单位分立、合并、撤销的，由继续行使其职权的机关、单位受理；职责不清的，由本级党委和政府或者其指定的机关、单位受理。

第二十五条　各级机关、单位对可能造成社会影响的重大、紧急信访事项和信访信息，应当及时报告本级党委和政府，通报相关主管部门和本级信访工作联席会议办公室，在职责范围内依法及时采取措施，防止不良影响的产生、扩大。

地方各级党委和政府信访部门接到重大、紧急信访事项和信访信息，应当向上一级信访部门报告，同时报告国家信访局。

第二十六条　信访人在信访过程中应当遵守法律、法规，不得损害国家、社会、集体的利益和其他公民的合法权利，自觉维护社会公共秩序和信访秩序，不得有下列行为：

（一）在机关、单位办公场所周围、公共场所非法聚集，围堵、冲击机关、单位，拦截公务车辆，或者堵塞、阻断交通；

（二）携带危险物品、管制器具；

（三）侮辱、殴打、威胁机关、单位工作人员，非法限制他人人身自由，或者毁坏财物；

（四）在信访接待场所滞留、滋事，或者将生活不能自理的人弃留在信访接待场所；

（五）煽动、串联、胁迫、以财物诱使、幕后操纵他人信访，或者以信访为名借机敛财；

（六）其他扰乱公共秩序、妨害国家和公共安全的行为。

第四章　信访事项的办理

第二十七条　各级机关、单位及其工作人员应当根据各自职责和有关规定，按照诉求合理的解决问题到位、诉求无理的思想教育到位、生活困难的帮扶救助到位、行为违法的依法处理的要求，依法按政策及时就地解决群众合法合理诉求，维护正常信访秩序。

第二十八条　各级机关、单位及其工作人员办理信访事项，应当恪尽职守、秉公办事，查明事实、分清责任，加强教育疏导，及时妥善处理，不得推诿、敷衍、拖延。

各级机关、单位应当按照诉讼与信访分离制度要求，将涉及民事、行政、刑事等诉讼权利救济的信访事项从普通信访体制中分离出来，由有关政法部门依法处理。

各级机关、单位工作人员与信访事项或者信访人有直接利害关系的，应当回避。

第二十九条　对信访人反映的情况、提出的建议意见类事项，有权处理的机关、单位应当认真研究论证。对科学合理、具有现实可行性的，应当采纳或者部分采纳，并予以回复。

信访人反映的情况、提出的建议意见，对国民经济和社会发展或者对改进工作以及保护社会公共利益有贡献的，应当按照有关规定给予奖励。

各级党委和政府应当健全人民建议征集制度，对涉及国计民生的重要工作，主动听取群众的建议意见。

第三十条　对信访人提出的检举控告类事项，纪检监察机关或者有权处理的机关、单位应当依规依纪依法接收、受理、办理和反馈。

党委和政府信访部门应当按照干部管理权限向组织（人事）部门通报反映干部问题的信访情况，重大情况向党委主要负责同志和分管组织（人事）工作的负责同志报送。组织（人事）部门应当按照干部选拔任用监督的有关规定进行办理。

不得将信访人的检举、揭发材料以及有关情况透露或者转给被检举、揭发的人员或者单位。

第三十一条 对信访人提出的申诉求决类事项，有权处理的机关、单位应当区分情况，分别按照下列方式办理：

（一）应当通过审判机关诉讼程序或者复议程序、检察机关刑事立案程序或者法律监督程序、公安机关法律程序处理的，涉法涉诉信访事项未依法终结的，按照法律法规规定的程序处理。

（二）应当通过仲裁解决的，导入相应程序处理。

（三）可以通过党员申诉、申请复审等解决的，导入相应程序处理。

（四）可以通过行政复议、行政裁决、行政确认、行政许可、行政处罚等行政程序解决的，导入相应程序处理。

（五）属于申请查处违法行为、履行保护人身权或者财产权等合法权益职责的，依法履行或者答复。

（六）不属于以上情形的，应当听取信访人陈述事实和理由，并调查核实，出具信访处理意见书。对重大、复杂、疑难的信访事项，可以举行听证。

第三十二条 信访处理意见书应当载明信访人投诉请求、事实和理由、处理意见及其法律法规依据：

（一）请求事实清楚，符合法律、法规、规章或者其他有关规定的，予以支持；

（二）请求事由合理但缺乏法律依据的，应当作出解释说明；

（三）请求缺乏事实根据或者不符合法律、法规、规章或者其他有关规定的，不予支持。

有权处理的机关、单位作出支持信访请求意见的，应当督促有关机关、单位执行；不予支持的，应当做好信访人的疏导教育工作。

第三十三条　各级机关、单位在处理申诉求决类事项过程中，可以在不违反政策法规强制性规定的情况下，在裁量权范围内，经争议双方当事人同意进行调解；可以引导争议双方当事人自愿和解。经调解、和解达成一致意见的，应当制作调解协议书或者和解协议书。

第三十四条　对本条例第三十一条第六项规定的信访事项应当自受理之日起60日内办结；情况复杂的，经本机关、单位负责人批准，可以适当延长办理期限，但延长期限不得超过30日，并告知信访人延期理由。

第三十五条　信访人对信访处理意见不服的，可以自收到书面答复之日起30日内请求原办理机关、单位的上一级机关、单位复查。收到复查请求的机关、单位应当自收到复查请求之日起30日内提出复查意见，并予以书面答复。

第三十六条　信访人对复查意见不服的，可以自收到书面答复之日起30日内向复查机关、单位的上一级机关、单位请求复核。收到复核请求的机关、单位应当自收到复核请求之日起30日内提出复核意见。

复核机关、单位可以按照本条例第三十一条第六项的规定举行听证，经过听证的复核意见可以依法向社会公示。听证所需时间不计算在前款规定的期限内。

信访人对复核意见不服，仍然以同一事实和理由提出投诉请求的，各级党委和政府信访部门和其他机关、单位不再受理。

第三十七条　各级机关、单位应当坚持社会矛盾纠纷多元预防调处化解，人民调解、行政调解、司法调解联动，综合运用法律、政策、经济、行政等手段和教育、协商、疏导等办法，多措并举化解矛盾纠纷。

各级机关、单位在办理信访事项时，对生活确有困难的信访人，可以告知或者帮助其向有关机关或者机构依法申请社会救助。符合国家司法救助条件的，有关政法部门应当按照规定给予司法救助。

地方党委和政府以及基层党组织和基层单位对信访事项已经复查复核和涉法涉诉信访事项已经依法终结的相关信访人，应当做好疏导教育、矛盾化解、帮扶救助等工作。

第五章　监督和追责

第三十八条　各级党委和政府应当对开展信访工作、落实信访工作责任的情况组织专项督查。

信访工作联席会议及其办公室、党委和政府信访部门应当根据工作需要开展督查，就发现的问题向有关地方和部门进行反馈，重要问题向本级党委和政府报告。

各级党委和政府督查部门应当将疑难复杂信访问题列入督查范围。

第三十九条　各级党委和政府应当以依规依法及时就地解决信访问题为导向，每年对信访工作情况进行考核。考核结果应当在适当范围内通报，并作为对领导班子和有关领导干部综合考核评价的重要参考。

对在信访工作中作出突出成绩和贡献的机关、单位或者个人，可以按照有关规定给予表彰和奖励。

对在信访工作中履职不力、存在严重问题的领导班子和领导干部，视情节轻重，由信访工作联席会议进行约谈、通报、挂牌督办，责令限期整改。

第四十条　党委和政府信访部门发现有关机关、单位存在违反信访工作规定受理、办理信访事项，办理信访事项推诿、敷衍、拖延、弄虚作假或者拒不执行信访处理意见等情形的，应当及时督办，并提出改进工作的建议。

对工作中发现的有关政策性问题，应当及时向本级党委和政府报告，并提出完善政策的建议。

对在信访工作中推诿、敷衍、拖延、弄虚作假造成严重后果的机关、单位及其工作人员，应当向有管理权限的机关、单位提出追究责任的建议。

对信访部门提出的改进工作、完善政策、追究责任的建议，有关机关、单位应当书面反馈采纳情况。

第四十一条 党委和政府信访部门应当编制信访情况年度报告，每年向本级党委和政府、上一级党委和政府信访部门报告。年度报告应当包括下列内容：

（一）信访事项的数据统计、信访事项涉及领域以及被投诉较多的机关、单位；

（二）党委和政府信访部门转送、交办、督办情况；

（三）党委和政府信访部门提出改进工作、完善政策、追究责任建议以及被采纳情况；

（四）其他应当报告的事项。

根据巡视巡察工作需要，党委和政府信访部门应当向巡视巡察机构提供被巡视巡察地区、单位领导班子及其成员和下一级主要负责人有关信访举报，落实信访工作责任制，具有苗头性、倾向性的重要信访问题，需要巡视巡察工作关注的重要信访事项等情况。

第四十二条 因下列情形之一导致信访事项发生，造成严重后果的，对直接负责的主管人员和其他直接责任人员，依规依纪依法严肃处理；构成犯罪的，依法追究刑事责任：

（一）超越或者滥用职权，侵害公民、法人或者其他组织合法权益；

（二）应当作为而不作为，侵害公民、法人或者其他组织合法权益；

（三）适用法律、法规错误或者违反法定程序，侵害公民、法人或者其他组织合法权益；

（四）拒不执行有权处理机关、单位作出的支持信访请求意见。

第四十三条　各级党委和政府信访部门对收到的信访事项应当登记、转送、交办而未按照规定登记、转送、交办，或者应当履行督办职责而未履行的，由其上级机关责令改正；造成严重后果的，对直接负责的主管人员和其他直接责任人员依规依纪依法严肃处理。

第四十四条　负有受理信访事项职责的机关、单位有下列情形之一的，由其上级机关、单位责令改正；造成严重后果的，对直接负责的主管人员和其他直接责任人员依规依纪依法严肃处理：

（一）对收到的信访事项不按照规定登记；

（二）对属于其职权范围的信访事项不予受理；

（三）未在规定期限内书面告知信访人是否受理信访事项。

第四十五条　对信访事项有权处理的机关、单位有下列情形之一的，由其上级机关、单位责令改正；造成严重后果的，对直接负责的主管人员和其他直接责任人员依规依纪依法严肃处理：

（一）推诿、敷衍、拖延信访事项办理或者未在规定期限内办结信访事项；

（二）对事实清楚，符合法律、法规、规章或者其他有关规定的投诉请求未予支持；

（三）对党委和政府信访部门提出的改进工作、完善政策等建议重视不够、落实不力，导致问题长期得不到解决；

（四）其他不履行或者不正确履行信访事项处理职责的情形。

第四十六条　有关机关、单位及其领导干部、工作人员有下列情形之一的，由其上级机关、单位责令改正；造成严重后果的，对直接负责的主管人员和其他直接责任人员依规依纪依法严肃处理；构成犯罪的，依法追究刑事责任：

（一）对待信访人态度恶劣、作风粗暴，损害党群干群关系；

（二）在处理信访事项过程中吃拿卡要、谋取私利；

（三）对规模性集体访、负面舆情等处置不力，导致事态扩大；

（四）对可能造成社会影响的重大、紧急信访事项和信访信息隐瞒、谎报、缓报，或者未依法及时采取必要措施；

（五）将信访人的检举、揭发材料或者有关情况透露、转给被检举、揭发的人员或者单位；

（六）打击报复信访人；

（七）其他违规违纪违法的情形。

第四十七条 信访人违反本条例第二十条、第二十六条规定的，有关机关、单位工作人员应当对其进行劝阻、批评或者教育。

信访人滋事扰序、缠访闹访情节严重，构成违反治安管理行为的，或者违反集会游行示威相关法律法规的，由公安机关依法采取必要的现场处置措施、给予治安管理处罚；构成犯罪的，依法追究刑事责任。

信访人捏造歪曲事实、诬告陷害他人，构成违反治安管理行为的，依法给予治安管理处罚；构成犯罪的，依法追究刑事责任。

第六章　附则

第四十八条 对外国人、无国籍人、外国组织信访事项的处理，参照本条例执行。

第四十九条 本条例由国家信访局负责解释。

第五十条 本条例自 2022 年 5 月 1 日起施行。

附录二：中华人民共和国宪法（节录）

（1982 年 12 月 4 日第五届全国人民代表大会第五次会议通过，1982 年 12 月 4 日全国人民代表大会公告公布施行，根据 1988 年 4 月 12 日第七届全国人民代表大会第一次会议通过的《中华人民共和国宪法修正案》、1993 年 3 月 29 日第八届全国人民代表大会第一次会议通过的《中华人民共和国宪法修正案》、1999 年 3 月 15 日第九届全国人民代表大会第二次会议通过的《中华人民共和国宪法修正案》、2004 年 3 月 14 日第十届全国人民代表大会第二次会议通过的《中华人民共和国宪法修正案》和 2018 年 3 月 11 日第十三届全国人民代表大会第一次会议通过的《中华人民共和国宪法修正案》修正）

......

第二章　公民的基本权利和义务

第三十三条　凡具有中华人民共和国国籍的人都是中华人民共和国公民。

中华人民共和国公民在法律面前一律平等。

国家尊重和保障人权。

任何公民享有宪法和法律规定的权利，同时必须履行宪法和法律规定的义务。

第三十四条 中华人民共和国年满十八周岁的公民，不分民族、种族、性别、职业、家庭出身、宗教信仰、教育程度、财产状况、居住期限，都有选举权和被选举权；但是依照法律被剥夺政治权利的人除外。

第三十五条 中华人民共和国公民有言论、出版、集会、结社、游行、示威的自由。

第三十六条 中华人民共和国公民有宗教信仰自由。

任何国家机关、社会团体和个人不得强制公民信仰宗教或者不信仰宗教，不得歧视信仰宗教的公民和不信仰宗教的公民。

国家保护正常的宗教活动。任何人不得利用宗教进行破坏社会秩序、损害公民身体健康、妨碍国家教育制度的活动。

宗教团体和宗教事务不受外国势力的支配。

第三十七条 中华人民共和国公民的人身自由不受侵犯。

任何公民，非经人民检察院批准或者决定或者人民法院决定，并由公安机关执行，不受逮捕。

禁止非法拘禁和以其他方法非法剥夺或者限制公民的人身自由，禁止非法搜查公民的身体。

第三十八条 中华人民共和国公民的人格尊严不受侵犯。禁止用任何方法对公民进行侮辱、诽谤和诬告陷害。

第三十九条 中华人民共和国公民的住宅不受侵犯。禁止非法搜查或者非法侵入公民的住宅。

第四十条 中华人民共和国公民的通信自由和通信秘密受法律的保护。除因国家安全或者追查刑事犯罪的需要，由公安机关或者检察机关依照法律规定的程序对通信进行检查外，任何组织或者个人不得以任何理由侵犯公民的通信自由和通信秘密。

第四十一条 中华人民共和国公民对于任何国家机关和国家工作人员，有提出批评和建议的权利；对于任何国家机关和国家工作人员的违法失职行为，有向有关国家机关提出申诉、控告或者检举的权利，但是不得捏造或者歪曲事实进行诬告陷害。

对于公民的申诉、控告或者检举，有关国家机关必须查清事实，负责处理。任何人不得压制和打击报复。由于国家机关和国家工作人员侵犯公民权利而受到损失的人，有依照法律规定取得赔偿的权利。

第四十二条 中华人民共和国公民有劳动的权利和义务。

国家通过各种途径，创造劳动就业条件，加强劳动保护，改善劳动条件，并在发展生产的基础上，提高劳动报酬和福利待遇。

劳动是一切有劳动能力的公民的光荣职责。国有企业和城乡集体经济组织的劳动者都应当以国家主人翁的态度对待自己的劳动。国家提倡社会主义劳动竞赛，奖励劳动模范和先进工作者。国家提倡公民从事义务劳动。

国家对就业前的公民进行必要的劳动就业训练。

第四十三条 中华人民共和国劳动者有休息的权利。国家发展劳动者休息和休养的设施，规定职工的工作时间和休假制度。

第四十四条 国家依照法律规定实行企业事业组织的职工和国家机关工作人员的退休制度。退休人员的生活受到国家和社会的保障。

第四十五条 中华人民共和国公民在年老、疾病或者丧失劳动能力的情况下，有从国家和社会获得物质帮助的权利。国家发展为公民享受这些权利所需要的社会保险、社会救济和医疗卫生事业。国家和社会保障残废军人的生活，抚恤烈士家属，优待军人家属。

国家和社会帮助安排盲、聋、哑和其他有残疾的公民的劳动、生活和教育。

第四十六条 中华人民共和国公民有受教育的权利和义务。国家培养青年、少年、儿童在品德、智力、体质等方面全面发展。

第四十七条 中华人民共和国公民有进行科学研究、文学艺术创作和其他文化活动的自由。国家对于从事教育、科学、技术、文学、艺术和其他文化事业的公民的有益于人民的创造性工作，给以鼓励和帮助。

第四十八条 中华人民共和国妇女在政治的、经济的、文化的、社会的和家庭的生活等各方面享有同男子平等的权利。

国家保护妇女的权利和利益，实行男女同工同酬，培养和选拔妇女干部。

第四十九条 婚姻、家庭、母亲和儿童受国家的保护。

夫妻双方有实行计划生育的义务。

父母有抚养教育未成年子女的义务，成年子女有赡养扶助父母的义务。

禁止破坏婚姻自由，禁止虐待老人、妇女和儿童。

第五十条 中华人民共和国保护华侨的正当的权利和利益，保护归侨和侨眷的合法的权利和利益。

第五十一条 中华人民共和国公民在行使自由和权利的时候，不得损害国家的、社会的、集体的利益和其他公民的合法的自由和权利。

第五十二条 中华人民共和国公民有维护国家统一和全国各民族团结的义务。

第五十三条 中华人民共和国公民必须遵守宪法和法律，保守国家秘密，爱护公共财产，遵守劳动纪律，遵守公共秩序，尊重社会公德。

第五十四条 中华人民共和国公民有维护祖国的安全、荣誉和利益的义务，不得有危害祖国的安全、荣誉和利益的行为。

第五十五条 保卫祖国、抵抗侵略是中华人民共和国每一个公民的神圣职责。

依照法律服兵役和参加民兵组织是中华人民共和国公民的光荣义务。

第五十六条 中华人民共和国公民有依照法律纳税的义务。

……

附录三：中国共产党纪律处分条例

（2015 年 10 月 12 日中共中央政治局会议审议批准，2015 年 10 月 18 日中共中央发布 2018 年 7 月 31 日中共中央政治局会议修订，2018 年 8 月 18 日中共中央发布）

第一编 总 则

第一章 指导思想、原则和适用范围

第一条 为了维护党章和其他党内法规，严肃党的纪律，纯洁党的组织，保障党员民主权利，教育党员遵纪守法，维护党的团结统一，保证党的路线、方针、政策、决议和国家法律法规的贯彻执行，根据《中国共产党章程》，制定本条例。

第二条 党的纪律建设必须坚持以马克思列宁主义、毛泽东思想、邓小平理论、"三个代表"重要思想、科学发展观、习近平新时代中国特色社会主义思想为指导，坚持和加强党的全面领导，坚决维护习近平总书记党中央的核心、全党的核心地位，坚决维护党中央权威和集中统一领导，落实新时代党的建设总要求和全面从严治党战略部署，全面加强党的纪律建设。

第三条 党章是最根本的党内法规，是管党治党的总规矩。党的纪律是党的各级组织和全体党员必须遵守的行为规则。党组织和党员必须牢固树立政治意识、大局意识、核心意识、看齐意识，自觉遵守党章，严格执行和维护党的纪律，自觉接受党的纪律约束，模范遵守国家法律法规。

第四条 党的纪律处分工作应当坚持以下原则：

（一）坚持党要管党、全面从严治党。加强对党的各级组织和全体党员的教育、管理和监督，把纪律挺在前面，注重抓早抓小、防微杜渐。

（二）党纪面前一律平等。对违犯党纪的党组织和党员必须严肃、公正执行纪律，党内不允许有任何不受纪律约束的党组织和党员。

（三）实事求是。对党组织和党员违犯党纪的行为，应当以事实为依据，以党章、其他党内法规和国家法律法规为准绳，准确认定违纪性质，区别不同情况，恰当予以处理。

（四）民主集中制。实施党纪处分，应当按照规定程序经党组织集体讨论决定，不允许任何个人或者少数人擅自决定和批准。上级党组织对违犯党纪的党组织和党员作出的处理决定，下级党组织必须执行。

（五）惩前毖后、治病救人。处理违犯党纪的党组织和党员，应当实行惩戒与教育相结合，做到宽严相济。

第五条 运用监督执纪"四种形态"，经常开展批评和自我批评、约谈函询，让"红红脸、出出汗"成为常态；党纪轻处分、组织调整成为违纪处理的大多数；党纪重处分、重大职务调整的成为少数；严重违纪涉嫌违法立案审查的成为极少数。

第六条 本条例适用于违犯党纪应当受到党纪责任追究的党组织和党员。

第二章　违纪与纪律处分

第七条　党组织和党员违反党章和其他党内法规，违反国家法律法规，违反党和国家政策，违反社会主义道德，危害党、国家和人民利益的行为，依照规定应当给予纪律处理或者处分的，都必须受到追究。

重点查处党的十八大以来不收敛、不收手，问题线索反映集中、群众反映强烈，政治问题和经济问题交织的腐败案件，违反中央八项规定精神的问题。

第八条　对党员的纪律处分种类：

（一）警告；

（二）严重警告；

（三）撤销党内职务；

（四）留党察看；

（五）开除党籍。

第九条　对于违犯党的纪律的党组织，上级党组织应当责令其作出检查或者进行通报批评。对于严重违犯党的纪律、本身又不能纠正的党组织，上一级党的委员会在查明核实后，根据情节严重的程度，可以予以：

（一）改组；

（二）解散。

第十条　党员受到警告处分一年内、受到严重警告处分一年半内，不得在党内提升职务和向党外组织推荐担任高于其原任职务的党外职务。

第十一条　撤销党内职务处分，是指撤销受处分党员由党内选举或者组织任命的党内职务。对于在党内担任两个以上职务的，党组织在作处分决定时，应当明确是撤销其一切职务还是一个或者几个职务。如果决定撤销其一个职务，必须撤销其担任的最高职务。如果决定撤销其两个以上职务，则必须从其担任的最高职务开始依次撤销。对于在党外组织担任职务的，应当建议党外组织依照规定作出相应处理。

对于应当受到撤销党内职务处分，但是本人没有担任党内职务的，应当给予其严重警告处分。同时，在党外组织担任职务的，应当建议党外组织撤销其党外职务。

党员受到撤销党内职务处分，或者依照前款规定受到严重警告处分的，二年内不得在党内担任和向党外组织推荐担任与其原任职务相当或者高于其原任职务的职务。

第十二条 留党察看处分，分为留党察看一年、留党察看二年。对于受到留党察看处分一年的党员，期满后仍不符合恢复党员权利条件的，应当延长一年留党察看期限。留党察看期限最长不得超过二年。

党员受留党察看处分期间，没有表决权、选举权和被选举权。留党察看期间，确有悔改表现的，期满后恢复其党员权利；坚持不改或者又发现其他应当受到党纪处分的违纪行为的，应当开除党籍。

党员受到留党察看处分，其党内职务自然撤销。对于担任党外职务的，应当建议党外组织撤销其党外职务。受到留党察看处分的党员，恢复党员权利后二年内，不得在党内担任和向党外组织推荐担任与其原任职务相当或者高于其原任职务的职务。

第十三条 党员受到开除党籍处分，五年内不得重新入党，也不得推荐担任与其原任职务相当或者高于其原任职务的党外职务。另有规定不准重新入党的，依照规定。

第十四条 党的各级代表大会的代表受到留党察看以上（含留党察看）处分的，党组织应当终止其代表资格。

第十五条 对于受到改组处理的党组织领导机构成员，除应当受到撤销党内职务以上

（含撤销党内职务）处分的外，均自然免职。

第十六条　对于受到解散处理的党组织中的党员，应当逐个审查。其中，符合党员条件的，应当重新登记，并参加新的组织过党的生活；不符合党员条件的，应当对其进行教育、限期改正，经教育仍无转变的，予以劝退或者除名；有违纪行为的，依照规定予以追究。

第三章　纪律处分运用规则

第十七条　有下列情形之一的，可以从轻或者减轻处分：

（一）主动交代本人应当受到党纪处分的问题的；

（二）在组织核实、立案审查过程中，能够配合核实审查工作，如实说明本人违纪违法事实的；

（三）检举同案人或者其他人应当受到党纪处分或者法律追究的问题，经查证属实的；

（四）主动挽回损失、消除不良影响或者有效阻止危害结果发生的；

（五）主动上交违纪所得的；

（六）有其他立功表现的。

第十八条　根据案件的特殊情况，由中央纪委决定或者经省（部）级纪委（不含副省级市纪委）决定并呈报中央纪委批准，对违纪党员也可以在本条例规定的处分幅度以外减轻处分。

第十九条　对于党员违犯党纪应当给予警告或者严重警告处分，但是具有本条例第十七条规定的情形之一或者本条例分则中另有规定的，可以给予批评教育、责令检查、诫勉或者组织处理，免予党纪处分。对违纪党员免予处分，应当作出书面结论。

第二十条 有下列情形之一的，应当从重或者加重处分：

（一）强迫、唆使他人违纪的；

（二）拒不上交或者退赔违纪所得的；

（三）违纪受处分后又因故意违纪应当受到党纪处分的；

（四）违纪受到党纪处分后，又被发现其受处分前的违纪行为应当受到党纪处分的；

（五）本条例另有规定的。

第二十一条 从轻处分，是指在本条例规定的违纪行为应当受到的处分幅度以内，给予较轻的处分。

从重处分，是指在本条例规定的违纪行为应当受到的处分幅度以内，给予较重的处分。

第二十二条 减轻处分，是指在本条例规定的违纪行为应当受到的处分幅度以外，减轻一档给予处分。

加重处分，是指在本条例规定的违纪行为应当受到的处分幅度以外，加重一档给予处分。

本条例规定的只有开除党籍处分一个档次的违纪行为，不适用第一款减轻处分的规定。

第二十三条 一人有本条例规定的两种以上（含两种）应当受到党纪处分的违纪行为，应当合并处理，按其数种违纪行为中应当受到的最高处分加重一档给予处分；其中一种违纪行为应当受到开除党籍处分的，应当给予开除党籍处分。

第二十四条 一个违纪行为同时触犯本条例两个以上（含两个）条款的，依照处分较重的条款定性处理。

一个条款规定的违纪构成要件全部包含在另一个条款规定的违纪构成要件中，特别规定与一般规定不一致的，适用特别规定。

第二十五条 二人以上（含二人）共同故意违纪的，对为首者，从重处分，本条例另有规定的除外；对其他成员，按照其在共同违纪中所起的作用和应负的责任，分别给予处分。

对于经济方面共同违纪的，按照个人所得数额及其所起作用，分别给予处分。对违纪集团的首要分子，按照集团违纪的总数额处分；对其他共同违纪的为首者，情节严重的，按照共同违纪的总数额处分。

教唆他人违纪的，应当按照其在共同违纪中所起的作用追究党纪责任。

第二十六条 党组织领导机构集体作出违犯党纪的决定或者实施其他违犯党纪的行为，对具有共同故意的成员，按共同违纪处理；对过失违纪的成员，按照各自在集体违纪中所起的作用和应负的责任分别给予处分。

第四章 对违法犯罪党员的纪律处分

第二十七条 党组织在纪律审查中发现党员有贪污贿赂、滥用职权、玩忽职守、权力寻租、利益输送、徇私舞弊、浪费国家资财等违反法律涉嫌犯罪行为的，应当给予撤销党内职务、留党察看或者开除党籍处分。

第二十八条 党组织在纪律审查中发现党员有刑法规定的行为，虽不构成犯罪但须追究党纪责任的，或者有其他违法行为，损害党、国家和人民利益的，应当视具体情节给予警告直至开除党籍处分。

第二十九条 党组织在纪律审查中发现党员严重违纪涉嫌违法犯罪的，原则上先作出党纪处分决定，并按照规定给予政务处分后，再移送有关国家机关依法处理。

第三十条 党员被依法留置、逮捕的，党组织应当按照管理权限中止其表决权、选举权和被选举权等党员权利。根据监察机关、司法机关处理结果，可以恢复其党员权利的，应当及时予以恢复。

第三十一条 党员犯罪情节轻微，人民检察院依法作出不起诉决定的，或者人民法院依法作出有罪判决并免予刑事处罚的，应当给予撤销党内职务、留党察看或者开除党籍处分。

党员犯罪，被单处罚金的，依照前款规定处理。

第三十二条 党员犯罪，有下列情形之一的，应当给予开除党籍处分：

（一）因故意犯罪被依法判处刑法规定的主刑（含宣告缓刑）的；

（二）被单处或者附加剥夺政治权利的；

（三）因过失犯罪，被依法判处三年以上（不含三年）有期徒刑的。

因过失犯罪被判处三年以下（含三年）有期徒刑或者被判处管制、拘役的，一般应当开除党籍。对于个别可以不开除党籍的，应当对照处分党员批准权限的规定，报请再上一级党组织批准。

第三十三条 党员依法受到刑事责任追究的，党组织应当根据司法机关的生效判决、裁定、决定及其认定的事实、性质和情节，依照本条例规定给予党纪处分，是公职人员的由监察机关给予相应政务处分。

党员依法受到政务处分、行政处罚，应当追究党纪责任的，党组织可以根据生效的政务处分、行政处罚决定认定的事实、性质和情节，经核实后依照规定给予党纪处分或者组织处理。

党员违反国家法律法规，违反企事业单位或者其他社会组织的规章制度受到其他纪律处分，应当追究党纪责任的，党组织在对有关方面认定的事实、性质和情节进行核实后，依照规定给予党纪处分或者组织处理。

党组织作出党纪处分或者组织处理决定后，司法机关、行政机关等依法改变原生效判决、裁定、决定等，对原党纪处分或者组织处理决定产生影响的，党组织应当根据改变后的生效判决、裁定、决定等重新作出相应处理。

第五章　其他规定

第三十四条　预备党员违犯党纪，情节较轻，可以保留预备党员资格的，党组织应当对其批评教育或者延长预备期；情节较重的，应当取消其预备党员资格。

第三十五条　对违纪后下落不明的党员，应当区别情况作出处理：

（一）对有严重违纪行为，应当给予开除党籍处分的，党组织应当作出决定，开除其党籍；

（二）除前项规定的情况外，下落不明时间超过六个月的，党组织应当按照党章规定对其予以除名。

第三十六条　违纪党员在党组织作出处分决定前死亡，或者在死亡之后发现其曾有严重违纪行为，对于应当给予开除党籍处分的，开除其党籍；对于应当给予留党察看以下（含留党察看）处分的，作出违犯党纪的书面结论和相应处理。

第三十七条　违纪行为有关责任人员的区分：

（一）直接责任者，是指在其职责范围内，不履行或者不正确履行自己的职责，对造成的损失或者后果起决定性作用的党员或者党员领导干部。

（二）主要领导责任者，是指在其职责范围内，对直接主管的工作不履行或者不正确履行职责，对造成的损失或者后果负直接领导责任的党员领导干部。

（三）重要领导责任者，是指在其职责范围内，对应管的工作或者参与决定的工作不履行或者不正确履行职责，对造成的损失或者后果负次要领导责任的党员领导干部。

本条例所称领导责任者，包括主要领导责任者和重要领导责任者。

第三十八条 本条例所称主动交代，是指涉嫌违纪的党员在组织初核前向有关组织交代自己的问题，或者在初核和立案审查其问题期间交代组织未掌握的问题。

第三十九条 计算经济损失主要计算直接经济损失。直接经济损失，是指与违纪行为有直接因果关系而造成财产损失的实际价值。

第四十条 对于违纪行为所获得的经济利益，应当收缴或者责令退赔。

对于违纪行为所获得的职务、职称、学历、学位、奖励、资格等其他利益，应当由承办案件的纪检机关或者由其上级纪检机关建议有关组织、部门、单位按照规定予以纠正。

对于依照本条例第三十五条、第三十六条规定处理的党员，经调查确属其实施违纪行为获得的利益，依照本条规定处理。

第四十一条 党纪处分决定作出后，应当在一个月内向受处分党员所在党的基层组织中的全体党员及其本人宣布，是领导班子成员的还应当向所在党组织领导班子宣布，并按照干部管理权限和组织关系将处分决定材料归入受处分者档案；对于受到撤销党内职务以上（含撤销党内职务）处分的，还应当在一个月内办理职务、工资、工作及其他有关待遇等相应变更手续；涉及撤销或者调整其党外职务的，应当建议党外组织及时撤销或者调整其党外职务。特殊情况下，经作出或者批准作出处分决定的组织批准，可以适当延长办理期限。办理期限最长不得超过六个月。

第四十二条 执行党纪处分决定的机关或者受处分党员所在单位，应当在六个月内将处分决定的执行情况向作出或者批准处分决定的机关报告。

党员对所受党纪处分不服的，可以依照党章及有关规定提出申诉。

第四十三条 本条例总则适用于有党纪处分规定的其他党内法规，但是中共中央发布或者批准发布的其他党内法规有特别规定的除外。

第二编　分　则

第六章　对违反政治纪律行为的处分

第四十四条　在重大原则问题上不同党中央保持一致且有实际言论、行为或者造成不良后果的，给予警告或者严重警告处分；情节较重的，给予撤销党内职务或者留党察看处分；情节严重的，给予开除党籍处分。

第四十五条　通过网络、广播、电视、报刊、传单、书籍等，或者利用讲座、论坛、报告会、座谈会等方式，公开发表坚持资产阶级自由化立场、反对四项基本原则，反对党的改革开放决策的文章、演说、宣言、声明等的，给予开除党籍处分。

发布、播出、刊登、出版前款所列文章、演说、宣言、声明等或者为上述行为提供方便条件的，对直接责任者和领导责任者，给予严重警告或者撤销党内职务处分；情节严重的，给予留党察看或者开除党籍处分。

第四十六条　通过网络、广播、电视、报刊、传单、书籍等，或者利用讲座、论坛、报告会、座谈会等方式，有下列行为之一，情节较轻的，给予警告或者严重警告处分；情节较重的，给予撤销党内职务或者留党察看处分；情节严重的，给予开除党籍处分：

（一）公开发表违背四项基本原则，违背、歪曲党的改革开放决策，或者其他有严重政治问题的文章、演说、宣言、声明等的；

（二）妄议党中央大政方针，破坏党的集中统一的；

（三）丑化党和国家形象，或者诋毁、诬蔑党和国家领导人、英雄模范，或者歪曲党的历史、中华人民共和国历史、人民军队历史的。

发布、播出、刊登、出版前款所列内容或者为上述行为提供方便条件的，对直接责任者和领导责任者，给予严重警告或者撤销党内职务处分；情节严重的，给予留党察看或者开除党籍处分。

第四十七条 制作、贩卖、传播第四十五条、第四十六条所列内容之一的书刊、音像制品、电子读物、网络音视频资料等，情节较轻的，给予警告或者严重警告处分；情节较重的，给予撤销党内职务或者留党察看处分；情节严重的，给予开除党籍处分。

私自携带、寄递第四十五条、第四十六条所列内容之一的书刊、音像制品、电子读物等入出境，情节较重的，给予警告或者严重警告处分；情节严重的，给予撤销党内职务、留党察看或者开除党籍处分。

第四十八条 在党内组织秘密集团或者组织其他分裂党的活动的，给予开除党籍处分。参加秘密集团或者参加其他分裂党的活动的，给予留党察看或者开除党籍处分。

第四十九条 在党内搞团团伙伙、结党营私、拉帮结派、培植个人势力等非组织活动，或者通过搞利益交换、为自己营造声势等活动捞取政治资本的，给予严重警告或者撤销党内职务处分；导致本地区、本部门、本单位政治生态恶化的，给予留党察看或者开除党籍处分。

第五十条 党员领导干部在本人主政的地方或者分管的部门自行其是，搞山头主义，拒不执行党中央确定的大政方针，甚至背着党中央另搞一套的，给予撤销党内职务、留党察看或者开除党籍处分。

落实党中央决策部署不坚决，打折扣、搞变通，在政治上造成不良影响或者严重后果的，给予警告或者严重警告处分；情节严重的，给予撤销党内职务、留党察看或者开除党籍处分。

第五十一条 对党不忠诚不老实，表里不一，阳奉阴违，欺上瞒下，搞两面派，做两面人，情节较轻的，给予警告或者严重警告处分；情节较重的，给予撤销党内职务或者留党察看处分；情节严重的，给予开除党籍处分。

第五十二条 制造、散布、传播政治谣言，破坏党的团结统一的，给予警告或者严重警告处分；情节较重的，给予撤销党内职务或者留党察看处分；情节严重的，给予开除党籍处分。

政治品行恶劣，匿名诬告，有意陷害或者制造其他谣言，造成损害或者不良影响的，依照前款规定处理。

第五十三条 擅自对应当由党中央决定的重大政策问题作出决定、对外发表主张的，对直接责任者和领导责任者，给予严重警告或者撤销党内职务处分；情节严重的，给予留党察看或者开除党籍处分。

第五十四条 不按照有关规定向组织请示、报告重大事项，情节较重的，给予警告或者严重警告处分；情节严重的，给予撤销党内职务或者留党察看处分。

第五十五条 干扰巡视巡察工作或者不落实巡视巡察整改要求，情节较轻的，给予警告或者严重警告处分；情节较重的，给予撤销党内职务或者留党察看处分；情节严重的，给予开除党籍处分。

第五十六条 对抗组织审查，有下列行为之一的，给予警告或者严重警告处分；情节较重的，给予撤销党内职务或者留党察看处分；情节严重的，给予开除党籍处分：

（一）串供或者伪造、销毁、转移、隐匿证据的；

（二）阻止他人揭发检举、提供证据材料的；

（三）包庇同案人员的；

（四）向组织提供虚假情况，掩盖事实的；

（五）有其他对抗组织审查行为的。

第五十七条 组织、参加反对党的基本理论、基本路线、基本方略或者重大方针政策的集会、游行、示威等活动的，或者以组织讲座、论坛、报告会、座谈会等方式，反对党的基本理论、基本路线、基本方略或者重大方针政策，造成严重不良影响的，对策划者、组织者和骨干分子，给予开除党籍处分。

对其他参加人员或者以提供信息、资料、财物、场地等方式支持上述活动者，情节较轻的，给予警告或者严重警告处分；情节较重的，给予撤销党内职务或者留党察看处分；情节严重的，给予开除党籍处分。

对不明真相被裹挟参加，经批评教育后确有悔改表现的，可以免予处分或者不予处分。未经组织批准参加其他集会、游行、示威等活动，情节较轻的，给予警告或者严重警告处分；情节较重的，给予撤销党内职务或者留党察看处分；情节严重的，给予开除党籍处分。

第五十八条 组织、参加旨在反对党的领导、反对社会主义制度或者敌视政府等组织的，对策划者、组织者和骨干分子，给予开除党籍处分。

对其他参加人员，情节较轻的，给予警告或者严重警告处分；情节较重的，给予撤销党内职务或者留党察看处分；情节严重的，给予开除党籍处分。

第五十九条 组织、参加会道门或者邪教组织的，对策划者、组织者和骨干分子，给予开除党籍处分。

对其他参加人员，情节较轻的，给予警告或者严重警告处分；情节较重的，给予撤销党内职务或者留党察看处分；情节严重的，给予开除党籍处分。

对不明真相的参加人员，经批评教育后确有悔改表现的，可以免予处分或者不予处分。

第六十条 从事、参与挑拨破坏民族关系制造事端或者参加民族分裂活动的，对策划者、组织者和骨干分子，给予开除党籍处分。

对其他参加人员，情节较轻的，给予警告或者严重警告处分；情节较重的，给予撤销党内职务或者留党察看处分；情节严重的，给予开除党籍处分。

对不明真相被裹挟参加，经批评教育后确有悔改表现的，可以免予处分或者不予处分。有其他违反党和国家民族政策的行为，情节较轻的，给予警告或者严重警告处分；情节较重的，给予撤销党内职务或者留党察看处分；情节严重的，给予开除党籍处分。

第六十一条 组织、利用宗教活动反对党的路线、方针、政策和决议，破坏民族团结的，对策划者、组织者和骨干分子，给予开除党籍处分。

对其他参加人员，给予撤销党内职务或者留党察看处分；情节严重的，给予开除党籍处分。

对不明真相被裹挟参加，经批评教育后确有悔改表现的，可以免予处分或者不予处分。有其他违反党和国家宗教政策的行为，情节较轻的，给予警告或者严重警告处分；情节较重的，给予撤销党内职务或者留党察看处分；情节严重的，给予开除党籍处分。

第六十二条 对信仰宗教的党员，应当加强思想教育，经党组织帮助教育仍没有转变的，应当劝其退党；劝而不退的，予以除名；参与利用宗教搞煽动活动的，给予开除党籍处分。

第六十三条 组织迷信活动的，给予撤销党内职务或者留党察看处分；情节严重的，给予开除党籍处分。

参加迷信活动，造成不良影响的，给予警告或者严重警告处分；情节较重的，给予撤销党内职务或者留党察看处分；情节严重的，给予开除党籍处分。

对不明真相的参加人员，经批评教育后确有悔改表现的，可以免予处分或者不予处分。

第六十四条 组织、利用宗族势力对抗党和政府，妨碍党和国家的方针政策以及决策部署的实施，或者破坏党的基层组织建设的，对策划者、组织者和骨干分子，给予开除党籍处分。

对其他参加人员，给予撤销党内职务或者留党察看处分；情节严重的，给予开除党籍处分。

对不明真相被裹挟参加，经批评教育后确有悔改表现的，可以免予处分或者不予处分。

第六十五条 在国（境）外、外国驻华使（领）馆申请政治避难，或者违纪后逃往国（境）外、外国驻华使（领）馆的，给予开除党籍处分。

在国（境）外公开发表反对党和政府的文章、演说、宣言、声明等的，依照前款规定处理。

故意为上述行为提供方便条件的，给予留党察看或者开除党籍处分。

第六十六条 在涉外活动中，其言行在政治上造成恶劣影响，损害党和国家尊严、利益的，给予撤销党内职务或者留党察看处分；情节严重的，给予开除党籍处分。

第六十七条 不履行全面从严治党主体责任、监督责任或者履行全面从严治党主体责任、监督责任不力，给党组织造成严重损害或者严重不良影响的，对直接责任者和领导责任者，给予警告或者严重警告处分；情节严重的，给予撤销党内职务或者留党察看处分。

第六十八条 党员领导干部对违反政治纪律和政治规矩等错误思想和行为不报告、不抵制、不斗争，放任不管，搞无原则一团和气，造成不良影响的，给予警告或者严重警告处分；情节严重的，给予撤销党内职务或者留党察看处分。

第六十九条 违反党的优良传统和工作惯例等党的规矩，在政治上造成不良影响的，给予警告或者严重警告处分；情节较重的，给予撤销党内职务或者留党察看处分；情节严重的，给予开除党籍处分。

第七章 对违反组织纪律行为的处分

第七十条 违反民主集中制原则，有下列行为之一的，给予警告或者严重警告处分；情节严重的，给予撤销党内职务或者留党察看处分：

（一）拒不执行或者擅自改变党组织作出的重大决定的；

（二）违反议事规则，个人或者少数人决定重大问题的；

（三）故意规避集体决策，决定重大事项、重要干部任免、重要项目安排和大额资金使用的；

（四）借集体决策名义集体违规的。

第七十一条 下级党组织拒不执行或者擅自改变上级党组织决定的，对直接责任者和领导责任者，给予警告或者严重警告处分；情节严重的，给予撤销党内职务或者留党察看处分。

第七十二条 拒不执行党组织的分配、调动、交流等决定的，给予警告、严重警告或者撤销党内职务处分。

在特殊时期或者紧急状况下，拒不执行党组织决定的，给予留党察看或者开除党籍处分。

第七十三条 有下列行为之一，情节较重的，给予警告或者严重警告处分：

（一）违反个人有关事项报告规定，隐瞒不报的；

（二）在组织进行谈话、函询时，不如实向组织说明问题的；

（三）不按要求报告或者不如实报告个人去向的；

（四）不如实填报个人档案资料的。

篡改、伪造个人档案资料的，给予严重警告处分；情节严重的，给予撤销党内职务或者留党察看处分。

隐瞒入党前严重错误的，一般应当予以除名；对入党后表现尚好的，给予严重警告、撤销党内职务或者留党察看处分。

第七十四条 党员领导干部违反有关规定组织、参加自发成立的老乡会、校友会、战友会等，情节严重的，给予警告、严重警告或者撤销党内职务处分。

第七十五条 有下列行为之一的，给予警告或者严重警告处分；情节较重的，给予撤销党内职务或者留党察看处分；情节严重的，给予开除党籍处分：

（一）在民主推荐、民主测评、组织考察和党内选举中搞拉票、助选等非组织活动的；

（二）在法律规定的投票、选举活动中违背组织原则搞非组织活动，组织、怂恿、诱使他人投票、表决的；

（三）在选举中进行其他违反党章、其他党内法规和有关章程活动的。

搞有组织的拉票贿选，或者用公款拉票贿选的，从重或者加重处分。

第七十六条 在干部选拔任用工作中，有任人唯亲、排斥异己、封官许愿、说情干预、跑官要官、突击提拔或者调整干部等违反干部选拔任用规定行为，对直接责任者和领导责任者，情节较轻的，给予警告或者严重警告处分；情节较重的，给予撤销党内职务或者留党察看处分；情节严重的，给予开除党籍处分。

用人失察失误造成严重后果的，对直接责任者和领导责任者，依照前款规定处理。

第七十七条 在干部、职工的录用、考核、职务晋升、职称评定和征兵、安置复转军人等工作中，隐瞒、歪曲事实真相，或者利用职权或者职务上的影响违反有关规定为本人或者其他人谋取利益的，给予警告或者严重警告处分；情节较重的，给予撤销党内职务或者留党察看处分；情节严重的，给予开除党籍处分。

弄虚作假，骗取职务、职级、职称、待遇、资格、学历、学位、荣誉或者其他利益的，依照前款规定处理。

第七十八条 侵犯党员的表决权、选举权和被选举权，情节较重的，给予警告或者严重警告处分；情节严重的，给予撤销党内职务处分。

以强迫、威胁、欺骗、拉拢等手段，妨害党员自主行使表决权、选举权和被选举权的，给予撤销党内职务、留党察看或者开除党籍处分。

第七十九条 有下列行为之一的，给予警告或者严重警告处分；情节较重的，给予撤销党内职务或者留党察看处分；情节严重的，给予开除党籍处分：

（一）对批评、检举、控告进行阻挠、压制，或者将批评、检举、控告材料私自扣压、销毁，或者故意将其泄露给他人的；

（二）对党员的申辩、辩护、作证等进行压制，造成不良后果的；

（三）压制党员申诉，造成不良后果的，或者不按照有关规定处理党员申诉的；

（四）有其他侵犯党员权利行为，造成不良后果的。

对批评人、检举人、控告人、证人及其他人员打击报复的，从重或者加重处分。

党组织有上述行为的，对直接责任者和领导责任者，依照第一款规定处理。

第八十条 违反党章和其他党内法规的规定，采取弄虚作假或者其他手段把不符合党员条件的人发展为党员，或者为非党员出具党员身份证明的，对直接责任者和领导责任者，给予警告或者严重警告处分；情节严重的，给予撤销党内职务处分。

违反有关规定程序发展党员的，对直接责任者和领导责任者，依照前款规定处理。

第八十一条 违反有关规定取得外国国籍或者获取国（境）外永久居留资格、长期居留许可的，给予撤销党内职务、留党察看或者开除党籍处分。

第八十二条 违反有关规定办理因私出国（境）证件、前往港澳通行证，或者未经批准出入国（边）境，情节较轻的，给予警告或者严重警告处分；情节较重的，给予撤销党内职务处分；情节严重的，给予留党察看处分。

第八十三条 驻外机构或者临时出国（境）团（组）中的党员擅自脱离组织，或者从事外事、机要、军事等工作的党员违反有关规定同国（境）外机构、人员联系和交往的，给予警告、严重警告或者撤销党内职务处分。

第八十四条 驻外机构或者临时出国（境）团（组）中的党员，脱离组织出走时间不满六个月又自动回归的，给予撤销党内职务或者留党察看处分；脱离组织出走时间超过六个月的，按照自行脱党处理，党内予以除名。

故意为他人脱离组织出走提供方便条件的，给予警告、严重警告或者撤销党内职务处分。

第八章 对违反廉洁纪律行为的处分

第八十五条 党员干部必须正确行使人民赋予的权力，清正廉洁，反对任何滥用职权、谋求私利的行为。

利用职权或者职务上的影响为他人谋取利益，本人的配偶、子女及其配偶等亲属和其他特定关系人收受对方财物，情节较重的，给予警告或者严重警告处分；情节严重的，给予撤销党内职务、留党察看或者开除党籍处分。

第八十六条 相互利用职权或者职务上的影响为对方及其配偶、子女及其配偶等亲属、身边工作人员和其他特定关系人谋取利益搞权权交易的，给予警告或者严重警告处分；情节较重的，给予撤销党内职务或者留党察看处分；情节严重的，给予开除党籍处分。

第八十七条 纵容、默许配偶、子女及其配偶等亲属、身边工作人员和其他特定关系人利用党员干部本人职权或者职务上的影响谋取私利，情节较轻的，给予警告或者严重警告处分；情节较重的，给予撤销党内职务或者留党察看处分；情节严重的，给予开除党籍处分。

党员干部的配偶、子女及其配偶等亲属和其他特定关系人不实际工作而获取薪酬或者虽实际工作但领取明显超出同职级标准薪酬，党员干部知情未予纠正的，依照前款规定处理。

第八十八条 收受可能影响公正执行公务的礼品、礼金、消费卡和有价证券、股权、其他金融产品等财物，情节较轻的，给予警告或者严重警告处分；情节较重的，给予撤销党内职务或者留党察看处分；情节严重的，给予开除党籍处分。

收受其他明显超出正常礼尚往来的财物的，依照前款规定处理。

第八十九条 向从事公务的人员及其配偶、子女及其配偶等亲属和其他特定关系人赠送明显超出正常礼尚往来的礼品、礼金、消费卡和有价证券、股权、其他金融产品等财物，情节较重的，给予警告或者严重警告处分；情节严重的，给予撤销党内职务或者留党察看处分。

第九十条 借用管理和服务对象的钱款、住房、车辆等，影响公正执行公务，情节较重的，给予警告或者严重警告处分；情节严重的，给予撤销党内职务、留党察看或者开除党籍处分。

通过民间借贷等金融活动获取大额回报，影响公正执行公务的，依照前款规定处理。

第九十一条　利用职权或者职务上的影响操办婚丧喜庆事宜，在社会上造成不良影响的，给予警告或者严重警告处分；情节严重的，给予撤销党内职务处分；借机敛财或者有其他侵犯国家、集体和人民利益行为的，从重或者加重处分，直至开除党籍。

第九十二条　接受、提供可能影响公正执行公务的宴请或者旅游、健身、娱乐等活动安排，情节较重的，给予警告或者严重警告处分；情节严重的，给予撤销党内职务或者留党察看处分。

第九十三条　违反有关规定取得、持有、实际使用运动健身卡、会所和俱乐部会员卡、高尔夫球卡等各种消费卡，或者违反有关规定出入私人会所，情节较重的，给予警告或者严重警告处分；情节严重的，给予撤销党内职务或者留党察看处分。

第九十四条　违反有关规定从事营利活动，有下列行为之一，情节较轻的，给予警告或者严重警告处分；情节较重的，给予撤销党内职务或者留党察看处分；情节严重的，给予开除党籍处分：

（一）经商办企业的；

（二）拥有非上市公司（企业）的股份或者证券的；

（三）买卖股票或者进行其他证券投资的；

（四）从事有偿中介活动的；

（五）在国（境）外注册公司或者投资入股的；

（六）有其他违反有关规定从事营利活动的。

利用参与企业重组改制、定向增发、兼并投资、土地使用权出让等决策、审批过程中掌握的信息买卖股票，利用职权或者职务上的影响通过购买信托产品、基金等方式非正常获利的，依照前款规定处理。

违反有关规定在经济组织、社会组织等单位中兼职，或者经批准兼职但获取薪酬、奖金、津贴等额外利益的，依照第一款规定处理。

第九十五条　利用职权或者职务上的影响，为配偶、子女及其配偶等亲属和其他特定关系人在审批监管、资源开发、金融信贷、大宗采购、土地使用权出让、房地产开发、工程招投标以及公共财政支出等方面谋取利益，情节较轻的，给予警告或者严重警告处分；情节较重的，给予撤销党内职务或者留党察看处分；情节严重的，给予开除党籍处分。

利用职权或者职务上的影响，为配偶、子女及其配偶等亲属和其他特定关系人吸收存款、推销金融产品等提供帮助谋取利益的，依照前款规定处理。

第九十六条　党员领导干部离职或者退（离）休后违反有关规定接受原任职务管辖的地区和业务范围内的企业和中介机构的聘任，或者个人从事与原任职务管辖业务相关的营利活动，情节较轻的，给予警告或者严重警告处分；情节较重的，给予撤销党内职务处分；情节严重的，给予留党察看处分。

党员领导干部离职或者退（离）休后违反有关规定担任上市公司、基金管理公司独立董事、独立监事等职务，情节较轻的，给予警告或者严重警告处分；情节较重的，给予撤销党内职务处分；情节严重的，给予留党察看处分。

第九十七条　党员领导干部的配偶、子女及其配偶，违反有关规定在该党员领导干部管辖的地区和业务范围内从事可能影响其公正执行公务的经营活动，或者在该党员领导干部管辖的地区和业务范围内的外商独资企业、中外合资企业中担任由外方委派、聘任的高级职务或者违规任职、兼职取酬的，该党员领导干部应当按照规定予以纠正；拒不纠正的，其本人应当辞去现任职务或者由组织予以调整职务；不辞去现任职务或者不服从组织调整职务的，给予撤销党内职务处分。

第九十八条 党和国家机关违反有关规定经商办企业的，对直接责任者和领导责任者，给予警告或者严重警告处分；情节严重的，给予撤销党内职务处分。

第九十九条 党员领导干部违反工作、生活保障制度，在交通、医疗、警卫等方面为本人、配偶、子女及其配偶等亲属和其他特定关系人谋求特殊待遇，情节较重的，给予警告或者严重警告处分；情节严重的，给予撤销党内职务或者留党察看处分。

第一百条 在分配、购买住房中侵犯国家、集体利益，情节较轻的，给予警告或者严重警告处分；情节较重的，给予撤销党内职务或者留党察看处分；情节严重的，给予开除党籍处分。

第一百零一条 利用职权或者职务上的影响，侵占非本人经管的公私财物，或者以象征性地支付钱款等方式侵占公私财物，或者无偿、象征性地支付报酬接受服务、使用劳务，情节较轻的，给予警告或者严重警告处分；情节较重的，给予撤销党内职务或者留党察看处分；情节严重的，给予开除党籍处分。

利用职权或者职务上的影响，将本人、配偶、子女及其配偶等亲属应当由个人支付的费用，由下属单位、其他单位或者他人支付、报销的，依照前款规定处理。

第一百零二条 利用职权或者职务上的影响，违反有关规定占用公物归个人使用，时间超过六个月，情节较重的，给予警告或者严重警告处分；情节严重的，给予撤销党内职务处分。

占用公物进行营利活动的，给予警告或者严重警告处分；情节较重的，给予撤销党内职务或者留党察看处分；情节严重的，给予开除党籍处分。

将公物借给他人进行营利活动的，依照前款规定处理。

第一百零三条 违反有关规定组织、参加用公款支付的宴请、高消费娱乐、健身活动，或者用公款购买赠送或者发放礼品、消费卡（券）等，对直接责任者和领导责任者，情节较轻的，给予警告或者严重警告处分；情节较重的，给予撤销党内职务或者留党察看处分；情节严重的，给予开除党籍处分。

第一百零四条 违反有关规定自定薪酬或者滥发津贴、补贴、奖金等，对直接责任者和领导责任者，情节较轻的，给予警告或者严重警告处分；情节较重的，给予撤销党内职务或者留党察看处分；情节严重的，给予开除党籍处分。

第一百零五条 有下列行为之一，对直接责任者和领导责任者，情节较轻的，给予警告或者严重警告处分；情节较重的，给予撤销党内职务或者留党察看处分；情节严重的，给予开除党籍处分：

（一）公款旅游或者以学习培训、考察调研、职工疗养等为名变相公款旅游的；

（二）改变公务行程，借机旅游的；

（三）参加所管理企业、下属单位组织的考察活动，借机旅游的。

以考察、学习、培训、研讨、招商、参展等名义变相用公款出国（境）旅游的，依照前款规定处理。

第一百零六条 违反公务接待管理规定，超标准、超范围接待或者借机大吃大喝，对直接责任者和领导责任者，情节较重的，给予警告或者严重警告处分；情节严重的，给予撤销党内职务处分。

第一百零七条 违反有关规定配备、购买、更换、装饰、使用公务交通工具或者有其他违反公务交通工具管理规定的行为，对直接责任者和领导责任者，情节较重的，给予警告或者严重警告处分；情节严重的，给予撤销党内职务或者留党察看处分。

第一百零八条 违反会议活动管理规定，有下列行为之一，对直接责任者和领导责任者，情节较重的，给予警告或者严重警告处分；情节严重的，给予撤销党内职务处分：

（一）到禁止召开会议的风景名胜区开会的；

（二）决定或者批准举办各类节会、庆典活动的。

擅自举办评比达标表彰活动或者借评比达标表彰活动收取费用的，依照前款规定处理。

第一百零九条 违反办公用房管理等规定，有下列行为之一，对直接责任者和领导责任者，情节较重的，给予警告或者严重警告处分；情节严重的，给予撤销党内职务处分：

（一）决定或者批准兴建、装修办公楼、培训中心等楼堂馆所的；

（二）超标准配备、使用办公用房的；

（三）用公款包租、占用客房或者其他场所供个人使用的。

第一百一十条 搞权色交易或者给予财物搞钱色交易的，给予警告或者严重警告处分；情节较重的，给予撤销党内职务或者留党察看处分；情节严重的，给予开除党籍处分。

第一百一十一条 有其他违反廉洁纪律规定行为的，应当视具体情节给予警告直至开除党籍处分。

第九章 对违反群众纪律行为的处分

第一百一十二条 有下列行为之一，对直接责任者和领导责任者，情节较轻的，给予警告或者严重警告处分；情节较重的，给予撤销党内职务或者留党察看处分；情节严重的，给予开除党籍处分：

（一）超标准、超范围向群众筹资筹劳、摊派费用，加重群众负担的；

（二）违反有关规定扣留、收缴群众款物或者处罚群众的；

（三）克扣群众财物，或者违反有关规定拖欠群众钱款的；

（四）在管理、服务活动中违反有关规定收取费用的；

（五）在办理涉及群众事务时刁难群众、吃拿卡要的；

（六）有其他侵害群众利益行为的。

在扶贫领域有上述行为的，从重或者加重处分。

第一百一十三条 干涉生产经营自主权，致使群众财产遭受较大损失的，对直接责任者和领导责任者，给予警告或者严重警告处分；情节严重的，给予撤销党内职务或者留党察看处分。

第一百一十四条 在社会保障、政策扶持、扶贫脱贫、救灾救济款物分配等事项中优亲厚友、明显有失公平的，给予警告或者严重警告处分；情节较重的，给予撤销党内职务或者留党察看处分；情节严重的，给予开除党籍处分。

第一百一十五条 利用宗族或者黑恶势力等欺压群众，或者纵容涉黑涉恶活动、为黑恶势力充当"保护伞"的，给予撤销党内职务或者留党察看处分；情节严重的，给予开除党籍处分。

第一百一十六条 有下列行为之一，对直接责任者和领导责任者，情节较重的，给予警告或者严重警告处分；情节严重的，给予撤销党内职务或者留党察看处分：

（一）对涉及群众生产、生活等切身利益的问题依照政策或者有关规定能解决而不及时解决，慵懒无为、效率低下，造成不良影响的；

（二）对符合政策的群众诉求消极应付、推诿扯皮，损害党群、干群关系的；

（三）对待群众态度恶劣、简单粗暴，造成不良影响的；

（四）弄虚作假，欺上瞒下，损害群众利益的；

（五）有其他不作为、乱作为等损害群众利益行为的。

第一百一十七条 盲目举债、铺摊子、上项目，搞劳民伤财的"形象工程""政绩工程"，致使国家、集体或者群众财产和利益遭受较大损失的，对直接责任者和领导责任者，给予警告或者严重警告处分；情节严重的，给予撤销党内职务、留党察看或者开除党籍处分。

第一百一十八条 遇到国家财产和群众生命财产受到严重威胁时，能救而不救，情节较重的，给予警告、严重警告或者撤销党内职务处分；情节严重的，给予留党察看或者开除党籍处分。

第一百一十九条 不按照规定公开党务、政务、厂务、村（居）务等，侵犯群众知情权，对直接责任者和领导责任者，情节较重的，给予警告或者严重警告处分；情节严重的，给予撤销党内职务或者留党察看处分。

第一百二十条 有其他违反群众纪律规定行为的，应当视具体情节给予警告直至开除党籍处分。

第十章　对违反工作纪律行为的处分

第一百二十一条 工作中不负责任或者疏于管理，贯彻执行、检查督促落实上级决策部署不力，给党、国家和人民利益以及公共财产造成较大损失的，对直接责任者和领导责任者，给予警告或者严重警告处分；造成重大损失的，给予撤销党内职务、留党察看或者开除党籍处分。

贯彻创新、协调、绿色、开放、共享的发展理念不力，对职责范围内的问题失察失责，造成较大损失或者重大损失的，从重或者加重处分。

第一百二十二条 有下列行为之一，造成严重不良影响，对直接责任者和领导责任者，情节较轻的，给予警告或者严重警告处分；情节较重的，给予撤销党内职务或者留党察看处分；情节严重的，给予开除党籍处分：

（一）贯彻党中央决策部署只表态不落实的；

（二）热衷于搞舆论造势、浮在表面的；

（三）单纯以会议贯彻会议、以文件落实文件，在实际工作中不见诸行动的；

（四）工作中有其他形式主义、官僚主义行为的。

第一百二十三条 党组织有下列行为之一，对直接责任者和领导责任者，情节较重的，给予警告或者严重警告处分；情节严重的，给予撤销党内职务或者留党察看处分：

（一）党员被依法判处刑罚后，不按照规定给予党纪处分，或者对违反国家法律法规的行为，应当给予党纪处分而不处分的；

（二）党纪处分决定或者申诉复查决定作出后，不按照规定落实决定中关于被处分人党籍、职务、职级、待遇等事项的；

（三）党员受到党纪处分后，不按照干部管理权限和组织关系对受处分党员开展日常教育、管理和监督工作的。

第一百二十四条 因工作不负责任致使所管理的人员叛逃的，对直接责任者和领导责任者，给予警告或者严重警告处分；情节严重的，给予撤销党内职务处分。

因工作不负责任致使所管理的人员出走，对直接责任者和领导责任者，情节较重的，给予警告或者严重警告处分；情节严重的，给予撤销党内职务处分。

第一百二十五条　在上级检查、视察工作或者向上级汇报、报告工作时对应当报告的事项不报告或者不如实报告，造成严重损害或者严重不良影响的，对直接责任者和领导责任者，给予警告或者严重警告处分；情节严重的，给予撤销党内职务或者留党察看处分。

在上级检查、视察工作或者向上级汇报、报告工作时纵容、唆使、暗示、强迫下级说假话、报假情的，从重或者加重处分。

第一百二十六条　党员领导干部违反有关规定干预和插手市场经济活动，有下列行为之一，造成不良影响的，给予警告或者严重警告处分；情节较重的，给予撤销党内职务或者留党察看处分；情节严重的，给予开除党籍处分：

（一）干预和插手建设工程项目承发包、土地使用权出让、政府采购、房地产开发与经营、矿产资源开发利用、中介机构服务等活动的；

（二）干预和插手国有企业重组改制、兼并、破产、产权交易、清产核资、资产评估、资产转让、重大项目投资以及其他重大经营活动等事项的；

（三）干预和插手批办各类行政许可和资金借贷等事项的；

（四）干预和插手经济纠纷的；

（五）干预和插手集体资金、资产和资源的使用、分配、承包、租赁等事项的。

第一百二十七条　党员领导干部违反有关规定干预和插手司法活动、执纪执法活动，向有关地方或者部门打听案情、打招呼、说情，或者以其他方式对司法活动、执纪执法活动施加影响，情节较轻的，给予严重警告处分；情节较重的，给予撤销党内职务或者留党察看处分；情节严重的，给予开除党籍处分。

党员领导干部违反有关规定干预和插手公共财政资金分配、项目立项评审、政府奖励表彰等活动，造成重大损失或者不良影响的，依照前款规定处理。

第一百二十八条 泄露、扩散或者打探、窃取党组织关于干部选拔任用、纪律审查、巡视巡察等尚未公开事项或者其他应当保密的内容的，给予警告或者严重警告处分；情节较重的，给予撤销党内职务或者留党察看处分；情节严重的，给予开除党籍处分。

私自留存涉及党组织关于干部选拔任用、纪律审查、巡视巡察等方面资料，情节较重的，给予警告或者严重警告处分；情节严重的，给予撤销党内职务处分。

第一百二十九条 在考试、录取工作中，有泄露试题、考场舞弊、涂改考卷、违规录取等违反有关规定行为的，给予警告或者严重警告处分；情节较重的，给予撤销党内职务或者留党察看处分；情节严重的，给予开除党籍处分。

第一百三十条 以不正当方式谋求本人或者其他人用公款出国（境），情节较轻的，给予警告处分；情节较重的，给予严重警告处分；情节严重的，给予撤销党内职务处分。

第一百三十一条 临时出国（境）团（组）或者人员中的党员，擅自延长在国（境）外期限，或者擅自变更路线的，对直接责任者和领导责任者，给予警告或者严重警告处分；情节严重的，给予撤销党内职务处分。

第一百三十二条 驻外机构或者临时出国（境）团（组）中的党员，触犯驻在国家、地区的法律、法令或者不尊重驻在国家、地区的宗教习俗，情节较重的，给予警告或者严重警告处分；情节严重的，给予撤销党内职务、留党察看或者开除党籍处分。

第一百三十三条 在党的纪律检查、组织、宣传、统一战线工作以及机关工作等其他工作中，不履行或者不正确履行职责，造成损失或者不良影响的，应当视具体情节给予警告直至开除党籍处分。

第十一章 对违反生活纪律行为的处分

第一百三十四条 生活奢靡、贪图享乐、追求低级趣味，造成不良影响的，给予警告或者严重警告处分；情节严重的，给予撤销党内职务处分。

第一百三十五条 与他人发生不正当性关系，造成不良影响的，给予警告或者严重警告处分；情节较重的，给予撤销党内职务或者留党察看处分；情节严重的，给予开除党籍处分。

利用职权、教养关系、从属关系或者其他相类似关系与他人发生性关系的，从重处分。

第一百三十六条 党员领导干部不重视家风建设，对配偶、子女及其配偶失管失教，造成不良影响或者严重后果的，给予警告或者严重警告处分；情节严重的，给予撤销党内职务处分。

第一百三十七条 违背社会公序良俗，在公共场所有不当行为，造成不良影响的，给予警告或者严重警告处分；情节较重的，给予撤销党内职务或者留党察看处分；情节严重的，给予开除党籍处分。

第一百三十八条 有其他严重违反社会公德、家庭美德行为的，应当视具体情节给予警告直至开除党籍处分。

第三编 附 则

第一百三十九条 各省、自治区、直辖市党委可以根据本条例，结合各自工作的实际情况，制定单项实施规定。

第一百四十条 中央军事委员会可以根据本条例，结合中国人民解放军和中国人民武装警察部队的实际情况，制定补充规定或者单项规定。

第一百四十一条 本条例由中央纪律检查委员会负责解释。

第一百四十二条 本条例自 2018 年 10 月 1 日起施行。

本条例施行前，已结案的案件如需进行复查复议，适用当时的规定或者政策。尚未结案的案件，如果行为发生时的规定或者政策不认为是违纪，而本条例认为是违纪的，依照当时的规定或者政策处理；如果行为发生时的规定或者政策认为是违纪的，依照当时的规定或者政策处理，但是如果本条例不认为是违纪或者处理较轻的，依照本条例规定处理。

附录四：中华人民共和国治安管理处罚法

（2005 年 8 月 28 日第十届全国人民代表大会常务委员会第十七次会议通过，根据 2012 年 10 月 26 日第十一届全国人民代表大会常务委员会第二十九次会议《关于修改〈中华人民共和国治安管理处罚法〉的决定》修正）

第一章 总 则

第一条 为维护社会治安秩序，保障公共安全，保护公民、法人和其他组织的合法权益，规范和保障公安机关及其人民警察依法履行治安管理职责，制定本法。

第二条 扰乱公共秩序，妨害公共安全，侵犯人身权利、财产权利，妨害社会管理，具有社会危害性，依照《中华人民共和国刑法》的规定构成犯罪的，依法追究刑事责任；尚不够刑事处罚的，由公安机关依照本法给予治安管理处罚。

第三条 治安管理处罚的程序，适用本法的规定；本法没有规定的，适用《中华人民共和国行政处罚法》的有关规定。

第四条 在中华人民共和国领域内发生的违反治安管理行为，除法律有特别规定的外，适用本法。

在中华人民共和国船舶和航空器内发生的违反治安管理行为，除法律有特别规定的外，适用本法。

第五条 治安管理处罚必须以事实为依据，与违反治安管理行为的性质、情节以及社会危害程度相当。

实施治安管理处罚，应当公开、公正，尊重和保障人权，保护公民的人格尊严。

办理治安案件应当坚持教育与处罚相结合的原则。

第六条 各级人民政府应当加强社会治安综合治理，采取有效措施，化解社会矛盾，增进社会和谐，维护社会稳定。

第七条 国务院公安部门负责全国的治安管理工作。县级以上地方各级人民政府公安机关负责本行政区域内的治安管理工作。

治安案件的管辖由国务院公安部门规定。

第八条 违反治安管理的行为对他人造成损害的，行为人或者其监护人应当依法承担民事责任。

第九条 对于因民间纠纷引起的打架斗殴或者损毁他人财物等违反治安管理行为，情节较轻的，公安机关可以调解处理。经公安机关调解，当事人达成协议的，不予处罚。经调解未达成协议或者达成协议后不履行的，公安机关应当依照本法的规定对违反治安管理行为人给予处罚，并告知当事人可以就民事争议依法向人民法院提起民事诉讼。

第二章 处罚的种类和适用

第十条 治安管理处罚的种类分为：

（一）警告；

（二）罚款；

（三）行政拘留；

（四）吊销公安机关发放的许可证。

对违反治安管理的外国人，可以附加适用限期出境或者驱逐出境。

第十一条 办理治安案件所查获的毒品、淫秽物品等违禁品，赌具、赌资，吸食、注射毒品的用具以及直接用于实施违反治安管理行为的本人所有的工具，应当收缴，按照规定处理。

违反治安管理所得的财物，追缴退还被侵害人；没有被侵害人的，登记造册，公开拍卖或者按照国家有关规定处理，所得款项上缴国库。

第十二条 已满十四周岁不满十八周岁的人违反治安管理的，从轻或者减轻处罚；不满十四周岁的人违反治安管理的，不予处罚，但是应当责令其监护人严加管教。

第十三条 精神病人在不能辨认或者不能控制自己行为的时候违反治安管理的，不予处罚，但是应当责令其监护人严加看管和治疗。间歇性的精神病人在精神正常的时候违反治安管理的，应当给予处罚。

第十四条 盲人或者又聋又哑的人违反治安管理的，可以从轻、减轻或者不予处罚。

第十五条 醉酒的人违反治安管理的，应当给予处罚。

醉酒的人在醉酒状态中，对本人有危险或者对他人的人身、财产或者公共安全有威胁的，应当对其采取保护性措施约束至酒醒。

第十六条 有两种以上违反治安管理行为的，分别决定，合并执行。行政拘留处罚合并执行的，最长不超过二十日。

第十七条 共同违反治安管理的，根据违反治安管理行为人在违反治安管理行为中所起的作用，分别处罚。

教唆、胁迫、诱骗他人违反治安管理的，按照其教唆、胁迫、诱骗的行为处罚。

第十八条 单位违反治安管理的，对其直接负责的主管人员和其他直接责任人员依照本法的规定处罚。其他法律、行政法规对同一行为规定给予单位处罚的，依照其规定处罚。

第十九条 违反治安管理有下列情形之一的，减轻处罚或者不予处罚：

（一）情节特别轻微的；

（二）主动消除或者减轻违法后果，并取得被侵害人谅解的；

（三）出于他人胁迫或者诱骗的；

（四）主动投案，向公安机关如实陈述自己的违法行为的；

（五）有立功表现的。

第二十条 违反治安管理有下列情形之一的，从重处罚：

（一）有较严重后果的；

（二）教唆、胁迫、诱骗他人违反治安管理的；

（三）对报案人、控告人、举报人、证人打击报复的；

（四）六个月内曾受过治安管理处罚的。

第二十一条 违反治安管理行为人有下列情形之一，依照本法应当给予行政拘留处罚的，不执行行政拘留处罚：

（一）已满十四周岁不满十六周岁的；

（二）已满十六周岁不满十八周岁，初次违反治安管理的；

（三）七十周岁以上的；

（四）怀孕或者哺乳自己不满一周岁婴儿的。

第二十二条 违反治安管理行为在六个月内没有被公安机关发现的，不再处罚。

前款规定的期限，从违反治安管理行为发生之日起计算；违反治安管理行为有连续或者继续状态的，从行为终了之日起计算。

第三章 违反治安管理的行为和处罚

第一节 扰乱公共秩序的行为和处罚

第二十三条 有下列行为之一的，处警告或者二百元以下罚款；情节较重的，处五日以上十日以下拘留，可以并处五百元以下罚款：

（一）扰乱机关、团体、企业、事业单位秩序，致使工作、生产、营业、医疗、教学、科研不能正常进行，尚未造成严重损失的；

（二）扰乱车站、港口、码头、机场、商场、公园、展览馆或者其他公共场所秩序的；

（三）扰乱公共汽车、电车、火车、船舶、航空器或者其他公共交通工具上的秩序的；

（四）非法拦截或者强登、扒乘机动车、船舶、航空器以及其他交通工具，影响交通工具正常行驶的；

（五）破坏依法进行的选举秩序的。聚众实施前款行为的，对首要分子处十日以上十五日以下拘留，可以并处一千元以下罚款。

第二十四条 有下列行为之一，扰乱文化、体育等大型群众性活动秩序的，处警告或者二百元以下罚款；情节严重的，处五日以上十日以下拘留，可以并处五百元以下罚款：

（一）强行进入场内的；

（二）违反规定，在场内燃放烟花爆竹或者其他物品的；

（三）展示侮辱性标语、条幅等物品的；

（四）围攻裁判员、运动员或者其他工作人员的；

（五）向场内投掷杂物，不听制止的；

（六）扰乱大型群众性活动秩序的其他行为。

因扰乱体育比赛秩序被处以拘留处罚的，可以同时责令其十二个月内不得进入体育场馆观看同类比赛；违反规定进入体育场馆的，强行带离现场。

第二十五条 有下列行为之一的，处五日以上十日以下拘留，可以并处五百元以下罚款；情节较轻的，处五日以下拘留或者五百元以下罚款：

（一）散布谣言，谎报险情、疫情、警情或者以其他方法故意扰乱公共秩序的；

（二）投放虚假的爆炸性、毒害性、放射性、腐蚀性物质或者传染病病原体等危险物质扰乱公共秩序的；

（三）扬言实施放火、爆炸、投放危险物质扰乱公共秩序的。

第二十六条 有下列行为之一的，处五日以上十日以下拘留，可以并处五百元以下罚款；情节较重的，处十日以上十五日以下拘留，可以并处一千元以下罚款：

（一）结伙斗殴的；

（二）追逐、拦截他人的；

（三）强拿硬要或者任意损毁、占用公私财物的；

（四）其他寻衅滋事行为。

第二十七条 有下列行为之一的，处十日以上十五日以下拘留，可以并处一千元以下罚款；情节较轻的，处五日以上十日以下拘留，可以并处五百元以下罚款：

（一）组织、教唆、胁迫、诱骗、煽动他人从事邪教、会道门活动或者利用邪教、会道门、迷信活动，扰乱社会秩序、损害他人身体健康的；

（二）冒用宗教、气功名义进行扰乱社会秩序、损害他人身体健康活动的。

第二十八条 违反国家规定，故意干扰无线电业务正常进行的，或者对正常运行的无线电台（站）产生有害干扰，经有关主管部门指出后，拒不采取有效措施消除的，处五日以上十日以下拘留；情节严重的，处十日以上十五日以下拘留。

第二十九条 有下列行为之一的，处五日以下拘留；情节较重的，处五日以上十日以下拘留：

（一）违反国家规定，侵入计算机信息系统，造成危害的；

（二）违反国家规定，对计算机信息系统功能进行删除、修改、增加、干扰，造成计算机信息系统不能正常运行的；

（三）违反国家规定，对计算机信息系统中存储、处理、传输的数据和应用程序进行删除、修改、增加的；

（四）故意制作、传播计算机病毒等破坏性程序，影响计算机信息系统正常运行的。

第二节 妨害公共安全的行为和处罚

第三十条 违反国家规定，制造、买卖、储存、运输、邮寄、携带、使用、提供、处置爆炸性、毒害性、放射性、腐蚀性物质或者传染病病原体等危险物质的，处十日以上十五日以下拘留；情节较轻的，处五日以上十日以下拘留。

第三十一条 爆炸性、毒害性、放射性、腐蚀性物质或者传染病病原体等危险物质被盗、被抢或者丢失，未按规定报告的，处五日以下拘留；故意隐瞒不报的，处五日以上十日以下拘留。

第三十二条 非法携带枪支、弹药或者弩、匕首等国家规定的管制器具的，处五日以下拘留，可以并处五百元以下罚款；情节较轻的，处警告或者二百元以下罚款。

非法携带枪支、弹药或者弩、匕首等国家规定的管制器具进入公共场所或者公共交通工具的，处五日以上十日以下拘留，可以并处五百元以下罚款。

第三十三条 有下列行为之一的，处十日以上十五日以下拘留：

（一）盗窃、损毁油气管道设施、电力电信设施、广播电视设施、水利防汛工程设施或者水文监测、测量、气象测报、环境监测、地质监测、地震监测等公共设施的；

（二）移动、损毁国家边境的界碑、界桩以及其他边境标志、边境设施或者领土、领海标志设施的；

（三）非法进行影响国（边）界线走向的活动或者修建有碍国（边）境管理的设施的。

第三十四条 盗窃、损坏、擅自移动使用中的航空设施，或者强行进入航空器驾驶舱的，处十日以上十五日以下拘留。

在使用中的航空器上使用可能影响导航系统正常功能的器具、工具，不听劝阻的，处五日以下拘留或者五百元以下罚款。

第三十五条 有下列行为之一的，处五日以上十日以下拘留，可以并处五百元以下罚款；情节较轻的，处五日以下拘留或者五百元以下罚款：

（一）盗窃、损毁或者擅自移动铁路设施、设备、机车车辆配件或者安全标志的；

（二）在铁路线路上放置障碍物，或者故意向列车投掷物品的；

（三）在铁路线路、桥梁、涵洞处挖掘坑穴、采石取沙的；

（四）在铁路线路上私设道口或者平交过道的。

第三十六条 擅自进入铁路防护网或者火车来临时在铁路线路上行走坐卧、抢越铁路，影响行车安全的，处警告或者二百元以下罚款。

第三十七条 有下列行为之一的，处五日以下拘留或者五百元以下罚款；情节严重的，处五日以上十日以下拘留，可以并处五百元以下罚款：

（一）未经批准、安装、使用电网的，或者安装、使用电网不符合安全规定的；

（二）在车辆、行人通行的地方施工，对沟井坎穴不设覆盖物、防围和警示标志的，或者故意损毁、移动覆盖物、防围和警示标志的；

（三）盗窃、损毁路面井盖、照明等公共设施的。

第三十八条　举办文化、体育等大型群众性活动，违反有关规定，有发生安全事故危险的，责令停止活动，立即疏散；对组织者处五日以上十日以下拘留，并处二百元以上五百元以下罚款；情节较轻的，处五日以下拘留或者五百元以下罚款。

第三十九条　旅馆、饭店、影剧院、娱乐场、运动场、展览馆或者其他供社会公众活动的场所的经营管理人员，违反安全规定，致使该场所有发生安全事故危险，经公安机关责令改正，拒不改正的，处五日以下拘留。

第三节　侵犯人身权利、财产权利的行为和处罚

第四十条　有下列行为之一的，处十日以上十五日以下拘留，并处五百元以上一千元以下罚款；情节较轻的，处五日以上十日以下拘留，并处二百元以上五百元以下罚款：

（一）组织、胁迫、诱骗不满十六周岁的人或者残疾人进行恐怖、残忍表演的；

（二）以暴力、威胁或者其他手段强迫他人劳动的；

（三）非法限制他人人身自由、非法侵入他人住宅或者非法搜查他人身体的。

第四十一条　胁迫、诱骗或者利用他人乞讨的，处十日以上十五日以下拘留，可以并处一千元以下罚款。反复纠缠、强行讨要或者以其他滋扰他人的方式乞讨的，处五日以下拘留或者警告。

第四十二条 有下列行为之一的，处五日以下拘留或者五百元以下罚款；情节较重的，处五日以上十日以下拘留，可以并处五百元以下罚款：

（一）写恐吓信或者以其他方法威胁他人人身安全的；

（二）公然侮辱他人或者捏造事实诽谤他人的；

（三）捏造事实诬告陷害他人，企图使他人受到刑事追究或者受到治安管理处罚的；

（四）对证人及其近亲属进行威胁、侮辱、殴打或者打击报复的；

（五）多次发送淫秽、侮辱、恐吓或者其他信息，干扰他人正常生活的；

（六）偷窥、偷拍、窃听、散布他人隐私的。

第四十三条 殴打他人的，或者故意伤害他人身体的，处五日以上十日以下拘留，并处二百元以上五百元以下罚款；情节较轻的，处五日以下拘留或者五百元以下罚款。

有下列情形之一的，处十日以上十五日以下拘留，并处五百元以上一千元以下罚款：

（一）结伙殴打、伤害他人的；

（二）殴打、伤害残疾人、孕妇、不满十四周岁的人或者六十周岁以上的人的；

（三）多次殴打、伤害他人或者一次殴打、伤害多人的。

第四十四条 猥亵他人的，或者在公共场所故意裸露身体，情节恶劣的，处五日以上十日以下拘留；猥亵智力残疾人、精神病人、不满十四周岁的人或者有其他严重情节的，处十日以上十五日以下拘留。

第四十五条 有下列行为之一的，处五日以下拘留或者警告：

（一）虐待家庭成员，被虐待人要求处理的；

（二）遗弃没有独立生活能力的被扶养人的。

第四十六条 强买强卖商品，强迫他人提供服务或者强迫他人接受服务的，处五日以上十日以下拘留，并处二百元以上五百元以下罚款；情节较轻的，处五日以下拘留或者五百元以下罚款。

第四十七条 煽动民族仇恨、民族歧视，或者在出版物、计算机信息网络中刊载民族歧视、侮辱内容的，处十日以上十五日以下拘留，可以并处一千元以下罚款。

第四十八条 冒领、隐匿、毁弃、私自开拆或者非法检查他人邮件的，处五日以下拘留或者五百元以下罚款。

第四十九条 盗窃、诈骗、哄抢、抢夺、敲诈勒索或者故意损毁公私财物的，处五日以上十日以下拘留，可以并处五百元以下罚款；情节较重的，处十日以上十五日以下拘留，可以并处一千元以下罚款。

第四节　妨害社会管理的行为和处罚

第五十条 有下列行为之一的，处警告或者二百元以下罚款；情节严重的，处五日以上十日以下拘留，可以并处五百元以下罚款：

（一）拒不执行人民政府在紧急状态情况下依法发布的决定、命令的；

（二）阻碍国家机关工作人员依法执行职务的；

（三）阻碍执行紧急任务的消防车、救护车、工程抢险车、警车等车辆通行的；

（四）强行冲闯公安机关设置的警戒带、警戒区的。

阻碍人民警察依法执行职务的，从重处罚。

第五十一条 冒充国家机关工作人员或者以其他虚假身份招摇撞骗的，处五日以上十日以下拘留，可以并处五百元以下罚款；情节较轻的，处五日以下拘留或者五百元以下罚款。

冒充军警人员招摇撞骗的，从重处罚。

第五十二条 有下列行为之一的，处十日以上十五日以下拘留，可以并处一千元以下罚款；情节较轻的，处五日以上十日以下拘留，可以并处五百元以下罚款：

（一）伪造、变造或者买卖国家机关、人民团体、企业、事业单位或者其他组织的公文、证件、证明文件、印章的；

（二）买卖或者使用伪造、变造的国家机关、人民团体、企业、事业单位或者其他组织的公文、证件、证明文件的；

（三）伪造、变造、倒卖车票、船票、航空客票、文艺演出票、体育比赛入场券或者其他有价票证、凭证的；

（四）伪造、变造船舶户牌，买卖或者使用伪造、变造的船舶户牌，或者涂改船舶发动机号码的。

第五十三条 船舶擅自进入、停靠国家禁止、限制进入的水域或者岛屿的，对船舶负责人及有关责任人员处五百元以上一千元以下罚款；情节严重的，处五日以下拘留，并处五百元以上一千元以下罚款。

第五十四条 有下列行为之一的，处十日以上十五日以下拘留，并处五百元以上一千元以下罚款；情节较轻的，处五日以下拘留或者五百元以下罚款：

（一）违反国家规定，未经注册登记，以社会团体名义进行活动，被取缔后，仍进行活动的；

（二）被依法撤销登记的社会团体，仍以社会团体名义进行活动的；

（三）未经许可，擅自经营按照国家规定需要由公安机关许可的行业的。

有前款第三项行为的，予以取缔。

取得公安机关许可的经营者，违反国家有关管理规定，情节严重的，公安机关可以吊销许可证。

第五十五条 煽动、策划非法集会、游行、示威，不听劝阻的，处十日以上十五日以下拘留。

第五十六条 旅馆业的工作人员对住宿的旅客不按规定登记姓名、身份证件种类和号码的，或者明知住宿的旅客将危险物质带入旅馆，不予制止的，处二百元以上五百元以下罚款。

旅馆业的工作人员明知住宿的旅客是犯罪嫌疑人员或者被公安机关通缉的人员，不向公安机关报告的，处二百元以上五百元以下罚款；情节严重的，处五日以下拘留，可以并处五百元以下罚款。

第五十七条 房屋出租人将房屋出租给无身份证件的人居住的，或者不按规定登记承租人姓名、身份证件种类和号码的，处二百元以上五百元以下罚款。

房屋出租人明知承租人利用出租房屋进行犯罪活动，不向公安机关报告的，处二百元以上五百元以下罚款；情节严重的，处五日以下拘留，可以并处五百元以下罚款。

第五十八条 违反关于社会生活噪声污染防治的法律规定，制造噪声干扰他人正常生活的，处警告；警告后不改正的，处二百元以上五百元以下罚款。

第五十九条 有下列行为之一的，处五百元以上一千元以下罚款；情节严重的，处五日以上十日以下拘留，并处五百元以上一千元以下罚款：

（一）典当业工作人员承接典当的物品，不查验有关证明、不履行登记手续，或者明知是违法犯罪嫌疑人、赃物，不向公安机关报告的；

（二）违反国家规定，收购铁路、油田、供电、电信、矿山、水利、测量和城市公用设施等废旧专用器材的；

（三）收购公安机关通报寻查的赃物或者有赃物嫌疑的物品的；

（四）收购国家禁止收购的其他物品的。

第六十条 有下列行为之一的，处五日以上十日以下拘留，并处二百元以上五百元以下罚款：

（一）隐藏、转移、变卖或者损毁行政执法机关依法扣押、查封、冻结的财物的；

（二）伪造、隐匿、毁灭证据或者提供虚假证言、谎报案情，影响行政执法机关依法办案的；

（三）明知是赃物而窝藏、转移或者代为销售的；

（四）被依法执行管制、剥夺政治权利或者在缓刑、暂予监外执行中的罪犯或者被依法采取刑事强制措施的人，有违反法律、行政法规或者国务院有关部门的监督管理规定的行为。

第六十一条 协助组织或者运送他人偷越国（边）境的，处十日以上十五日以下拘留，并处一千元以上五千元以下罚款。

第六十二条 为偷越国（边）境人员提供条件的，处五日以上十日以下拘留，并处五百元以上二千元以下罚款。偷越国（边）境的，处五日以下拘留或者五百元以下罚款。

第六十三条 有下列行为之一的，处警告或者二百元以下罚款；情节较重的，处五日以上十日以下拘留，并处二百元以上五百元以下罚款：

（一）刻划、涂污或者以其他方式故意损坏国家保护的文物、名胜古迹的；

（二）违反国家规定，在文物保护单位附近进行爆破、挖掘等活动，危及文物安全的。

第六十四条 有下列行为之一的，处五百元以上一千元以下罚款；情节严重的，处十日以上十五日以下拘留，并处五百元以上一千元以下罚款：

（一）偷开他人机动车的；

（二）未取得驾驶证驾驶或者偷开他人航空器、机动船舶的。

第六十五条 有下列行为之一的，处五日以上十日以下拘留；情节严重的，处十日以上十五日以下拘留，可以并处一千元以下罚款：

（一）故意破坏、污损他人坟墓或者毁坏、丢弃他人尸骨、骨灰的；

（二）在公共场所停放尸体或者因停放尸体影响他人正常生活、工作秩序，不听劝阻的。

第六十六条 卖淫、嫖娼的，处十日以上十五日以下拘留，可以并处五千元以下罚款；情节较轻的，处五日以下拘留或者五百元以下罚款。

在公共场所拉客招嫖的，处五日以下拘留或者五百元以下罚款。

第六十七条 引诱、容留、介绍他人卖淫的，处十日以上十五日以下拘留，可以并处五千元以下罚款；情节较轻的，处五日以下拘留或者五百元以下罚款。

第六十八条 制作、运输、复制、出售、出租淫秽的书刊、图片、影片、音像制品等淫秽物品或者利用计算机信息网络、电话以及其他通信工具传播淫秽信息的，处十日以上十五日以下拘留，可以并处三千元以下罚款；情节较轻的，处五日以下拘留或者五百元以下罚款。

第六十九条 有下列行为之一的，处十日以上十五日以下拘留，并处五百元以上一千元以下罚款：

（一）组织播放淫秽音像的；

（二）组织或者进行淫秽表演的；

（三）参与聚众淫乱活动的。明知他人从事前款活动，为其提供条件的，依照前款的规定处罚。

第七十条 以营利为目的，为赌博提供条件的，或者参与赌博赌资较大的，处五日以下拘留或者五百元以下罚款；情节严重的，处十日以上十五日以下拘留，并处五百元以上三千元以下罚款。

第七十一条 有下列行为之一的，处十日以上十五日以下拘留，可以并处三千元以下罚款；情节较轻的，处五日以下拘留或者五百元以下罚款：

（一）非法种植罂粟不满五百株或者其他少量毒品原植物的；

（二）非法买卖、运输、携带、持有少量未经灭活的罂粟等毒品原植物种子或者幼苗的；

（三）非法运输、买卖、储存、使用少量罂粟壳的。

有前款第一项行为，在成熟前自行铲除的，不予处罚。

第七十二条 有下列行为之一的，处十日以上十五日以下拘留，可以并处二千元以下罚款；情节较轻的，处五日以下拘留或者五百元以下罚款：

（一）非法持有鸦片不满二百克、海洛因或者甲基苯丙胺不满十克或者其他少量毒品的；

（二）向他人提供毒品的；

（三）吸食、注射毒品的；

（四）胁迫、欺骗医务人员开具麻醉药品、精神药品的。

第七十三条 教唆、引诱、欺骗他人吸食、注射毒品的，处十日以上十五日以下拘留，并处五百元以上二千元以下罚款。

第七十四条　旅馆业、饮食服务业、文化娱乐业、出租汽车业等单位的人员，在公安机关查处吸毒、赌博、卖淫、嫖娼活动时，为违法犯罪行为人通风报信的，处十日以上十五日以下拘留。

第七十五条　饲养动物，干扰他人正常生活的，处警告；警告后不改正的，或者放任动物恐吓他人的，处二百元以上五百元以下罚款。

驱使动物伤害他人的，依照本法第四十三条第一款的规定处罚。

第七十六条　有本法第六十七条、第六十八条、第七十条的行为，屡教不改的，可以按照国家规定采取强制性教育措施。

第四章　处罚程序

第一节　调　查

第七十七条　公安机关对报案、控告、举报或者违反治安管理行为人主动投案，以及其他行政主管部门、司法机关移送的违反治安管理案件，应当及时受理，并进行登记。

第七十八条　公安机关受理报案、控告、举报、投案后，认为属于违反治安管理行为的，应当立即进行调查；认为不属于违反治安管理行为的，应当告知报案人、控告人、举报人、投案人，并说明理由。

第七十九条　公安机关及其人民警察对治安案件的调查，应当依法进行。严禁刑讯逼供或者采用威胁、引诱、欺骗等非法手段收集证据。以非法手段收集的证据不得作为处罚的根据。

第八十条　公安机关及其人民警察在办理治安案件时，对涉及的国家秘密、商业秘密或者个人隐私，应当予以保密。

第八十一条　人民警察在办理治安案件过程中，遇有下列情形之一的，应当回避；违反治安管理行为人、被侵害人或者其法定代理人也有权要求他们回避：

（一）是本案当事人或者当事人的近亲属的；

（二）本人或者其近亲属与本案有利害关系的；

（三）与本案当事人有其他关系，可能影响案件公正处理的。

人民警察的回避，由其所属的公安机关决定；公安机关负责人的回避，由上一级公安机关决定。

第八十二条　需要传唤违反治安管理行为人接受调查的，经公安机关办案部门负责人批准，使用传唤证传唤。对现场发现的违反治安管理行为人，人民警察经出示工作证件，可以口头传唤，但应当在询问笔录中注明。

公安机关应当将传唤的原因和依据告知被传唤人。对无正当理由不接受传唤或者逃避传唤的人，可以强制传唤。

第八十三条　对违反治安管理行为人，公安机关传唤后应当及时询问查证，询问查证的时间不得超过八小时；情况复杂，依照本法规定可能适用行政拘留处罚的，询问查证的时间不得超过二十四小时。公安机关应当及时将传唤的原因和处所通知被传唤人家属。

第八十四条　询问笔录应当交被询问人核对；对没有阅读能力的，应当向其宣读。记载有遗漏或者差错的，被询问人可以提出补充或者更正。被询问人确认笔录无误后，应当签名或者盖章，询问的人民警察也应当在笔录上签名。

被询问人要求就被询问事项自行提供书面材料的，应当准许；必要时，人民警察也可以要求被询问人自行书写。

询问不满十六周岁的违反治安管理行为人，应当通知其父母或者其他监护人到场。

第八十五条 人民警察询问被侵害人或者其他证人，可以到其所在单位或者住处进行；必要时，也可以通知其到公安机关提供证言。

人民警察在公安机关以外询问被侵害人或者其他证人，应当出示工作证件。

询问被侵害人或者其他证人，同时适用本法第八十四条的规定。

第八十六条 询问聋哑的违反治安管理行为人、被侵害人或者其他证人，应当有通晓手语的人提供帮助，并在笔录上注明。

询问不通晓当地通用的语言文字的违反治安管理行为人、被侵害人或者其他证人，应当配备翻译人员，并在笔录上注明。

第八十七条 公安机关对与违反治安管理行为有关的场所、物品、人身可以进行检查。检查时，人民警察不得少于二人，并应当出示工作证件和县级以上人民政府公安机关开具的检查证明文件。对确有必要立即进行检查的，人民警察经出示工作证件，可以当场检查，但检查公民住所应当出示县级以上人民政府公安机关开具的检查证明文件。

检查妇女的身体，应当由女性工作人员进行。

第八十八条 检查的情况应当制作检查笔录，由检查人、被检查人和见证人签名或者盖章；被检查人拒绝签名的，人民警察应当在笔录上注明。

第八十九条 公安机关办理治安案件，对与案件有关的需要作为证据的物品，可以扣押；对被侵害人或者善意第三人合法占有的财产，不得扣押，应当予以登记。对与案件无关的物品，不得扣押。

对扣押的物品，应当会同在场见证人和被扣押物品持有人查点清楚，当场开列清单一式二份，由调查人员、见证人和持有人签名或者盖章，一份交给持有人，另一份附卷备查。对扣押的物品，应当妥善保管，不得挪作他用；对不宜长期保存的物品，按照有关规定处理。经查明与案件无关的，应当及时退还；经核实属于他人合法财产的，应当登记后立即退还；满六个月无人对该财产主张权利或者无法查清权利人的，应当公开拍卖或者按照国家有关规定处理，所得款项上缴国库。

第九十条　为了查明案情，需要解决案件中有争议的专门性问题的，应当指派或者聘请具有专门知识的人员进行鉴定；鉴定人鉴定后，应当写出鉴定意见，并且签名。

第二节　决　定

第九十一条　治安管理处罚由县级以上人民政府公安机关决定；其中警告、五百元以下的罚款可以由公安派出所决定。

第九十二条　对决定给予行政拘留处罚的人，在处罚前已经采取强制措施限制人身自由的时间，应当折抵。限制人身自由一日，折抵行政拘留一日。

第九十三条　公安机关查处治安案件，对没有本人陈述，但其他证据能够证明案件事实的，可以作出治安管理处罚决定。但是，只有本人陈述，没有其他证据证明的，不能作出治安管理处罚决定。

第九十四条　公安机关作出治安管理处罚决定前，应当告知违反治安管理行为人作出治安管理处罚的事实、理由及依据，并告知违反治安管理行为人依法享有的权利。

违反治安管理行为人有权陈述和申辩。公安机关必须充分听取违反治安管理行为人的意见，对违反治安管理行为人提出的事实、理由和证据，应当进行复核；违反治安管理行为人提出的事实、理由或者证据成立的，公安机关应当采纳。

公安机关不得因违反治安管理行为人的陈述、申辩而加重处罚。

第九十五条　治安案件调查结束后，公安机关应当根据不同情况，分别作出以下处理：

（一）确有依法应当给予治安管理处罚的违法行为的，根据情节轻重及具体情况，作出处罚决定；

（二）依法不予处罚的，或者违法事实不能成立的，作出不予处罚决定；

（三）违法行为已涉嫌犯罪的，移送主管机关依法追究刑事责任；

（四）发现违反治安管理行为人有其他违法行为的，在对违反治安管理行为作出处罚决定的同时，通知有关行政主管部门处理。

第九十六条 公安机关作出治安管理处罚决定的，应当制作治安管理处罚决定书。决定书应当载明下列内容：

（一）被处罚人的姓名、性别、年龄、身份证件的名称和号码、住址；

（二）违法事实和证据；

（三）处罚的种类和依据；

（四）处罚的执行方式和期限；

（五）对处罚决定不服，申请行政复议、提起行政诉讼的途径和期限；

（六）作出处罚决定的公安机关的名称和作出决定的日期。

决定书应当由作出处罚决定的公安机关加盖印章。

第九十七条 公安机关应当向被处罚人宣告治安管理处罚决定书，并当场交付被处罚人；无法当场向被处罚人宣告的，应当在二日内送达被处罚人。决定给予行政拘留处罚的，应当及时通知被处罚人的家属。

有被侵害人的，公安机关应当将决定书副本抄送被侵害人。

第九十八条 公安机关作出吊销许可证以及处二千元以上罚款的治安管理处罚决定前，应当告知违反治安管理行为人有权要求举行听证；违反治安管理行为人要求听证的，公安机关应当及时依法举行听证。

第九十九条 公安机关办理治安案件的期限，自受理之日起不得超过三十日；案情重大、复杂的，经上一级公安机关批准，可以延长三十日。

为了查明案情进行鉴定的期间，不计入办理治安案件的期限。

第一百条 违反治安管理行为事实清楚，证据确凿，处警告或者二百元以下罚款的，可以当场作出治安管理处罚决定。

第一百零一条 当场作出治安管理处罚决定的，人民警察应当向违反治安管理行为人出示工作证件，并填写处罚决定书。处罚决定书应当当场交付被处罚人；有被侵害人的，并将决定书副本抄送被侵害人。

前款规定的处罚决定书，应当载明被处罚人的姓名、违法行为、处罚依据、罚款数额、时间、地点以及公安机关名称，并由经办的人民警察签名或者盖章。

当场作出治安管理处罚决定的，经办的人民警察应当在二十四小时内报所属公安机关备案。

第一百零二条 被处罚人对治安管理处罚决定不服的，可以依法申请行政复议或者提起行政诉讼。

第三节 执 行

第一百零三条 对被决定给予行政拘留处罚的人，由作出决定的公安机关送达拘留所执行。

第一百零四条 受到罚款处罚的人应当自收到处罚决定书之日起十五日内，到指定的银行缴纳罚款。但是，有下列情形之一的，人民警察可以当场收缴罚款：

（一）被处五十元以下罚款，被处罚人对罚款无异议的；

（二）在边远、水上、交通不便地区，公安机关及其人民警察依照本法的规定作出罚款决定后，被处罚人向指定的银行缴纳罚款确有困难，经被处罚人提出的；

（三）被处罚人在当地没有固定住所，不当场收缴事后难以执行的。

第一百零五条 人民警察当场收缴的罚款，应当自收缴罚款之日起二日内，交至所属的公安机关；在水上、旅客列车上当场收缴的罚款，应当自抵岸或者到站之日起二日内，交至所属的公安机关；公安机关应当自收到罚款之日起二日内将罚款缴付指定的银行。

第一百零六条 人民警察当场收缴罚款的，应当向被处罚人出具省、自治区、直辖市人民政府财政部门统一制发的罚款收据；不出具统一制发的罚款收据的，被处罚人有权拒绝缴纳罚款。

第一百零七条 被处罚人不服行政拘留处罚决定，申请行政复议、提起行政诉讼的，可以向公安机关提出暂缓执行行政拘留的申请。公安机关认为暂缓执行行政拘留不致发生社会危险的，由被处罚人或者其近亲属提出符合本法第一百零八条规定条件的担保人，或者按每日行政拘留二百元的标准交纳保证金，行政拘留的处罚决定暂缓执行。

第一百零八条 担保人应当符合下列条件：

（一）与本案无牵连；

（二）享有政治权利，人身自由未受到限制；

（三）在当地有常住户口和固定住所；

（四）有能力履行担保义务。

第一百零九条 担保人应当保证被担保人不逃避行政拘留处罚的执行。担保人不履行担保义务，致使被担保人逃避行政拘留处罚的执行的，由公安机关对其处三千元以下罚款。

第一百一十条 被决定给予行政拘留处罚的人交纳保证金，暂缓行政拘留后，逃避行政拘留处罚的执行的，保证金予以没收并上缴国库，已经作出的行政拘留决定仍应执行。

第一百一十一条 行政拘留的处罚决定被撤销，或者行政拘留处罚开始执行的，公安机关收取的保证金应当及时退还交纳人。

第五章 执法监督

第一百一十二条 公安机关及其人民警察应当依法、公正、严格、高效办理治安案件，文明执法，不得徇私舞弊。

第一百一十三条 公安机关及其人民警察办理治安案件，禁止对违反治安管理行为人打骂、虐待或者侮辱。

第一百一十四条 公安机关及其人民警察办理治安案件，应当自觉接受社会和公民的监督。

公安机关及其人民警察办理治安案件，不严格执法或者有违法违纪行为的，任何单位和个人都有权向公安机关或者人民检察院、行政监察机关检举、控告；收到检举、控告的机关，应当依据职责及时处理。

第一百一十五条 公安机关依法实施罚款处罚，应当依照有关法律、行政法规的规定，实行罚款决定与罚款收缴分离；收缴的罚款应当全部上缴国库。

第一百一十六条 人民警察办理治安案件，有下列行为之一的，依法给予行政处分；构成犯罪的，依法追究刑事责任：

（一）刑讯逼供、体罚、虐待、侮辱他人的；

（二）超过询问查证的时间限制人身自由的；

（三）不执行罚款决定与罚款收缴分离制度或者不按规定将罚没的财物上缴国库或者依法处理的；

（四）私分、侵占、挪用、故意损毁收缴、扣押的财物的；

（五）违反规定使用或者不及时返还被侵害人财物的；

（六）违反规定不及时退还保证金的；

（七）利用职务上的便利收受他人财物或者谋取其他利益的；

（八）当场收缴罚款不出具罚款收据或者不如实填写罚款数额的；

（九）接到要求制止违反治安管理行为的报警后，不及时出警的；

（十）在查处违反治安管理活动时，为违法犯罪行为人通风报信的；

（十一）有徇私舞弊、滥用职权，不依法履行法定职责的其他情形的。办理治安案件的公安机关有前款所列行为的，对直接负责的主管人员和其他直接责任人员给予相应的行政处分。

第一百一十七条 公安机关及其人民警察违法行使职权，侵犯公民、法人和其他组织合法权益的，应当赔礼道歉；造成损害的，应当依法承担赔偿责任。

第六章 附 则

第一百一十八条 本法所称以上、以下、以内，包括本数。

第一百一十九条 本法自 2006 年 3 月 1 日起施行。1986 年 9 月 5 日公布、1994 年 5 月 12 日修订公布的《中华人民共和国治安管理处罚条例》同时废止。

附录五：中华人民共和国公职人员政务处分法

（2020 年 6 月 20 日第十三届全国人民代表大会常务委员会第十九次会议通过，2020 年 6 月 20 日中华人民共和国主席令第 46 号公布，自 2020 年 7 月 1 日起施行）

第一章　总　则

第一条　为了规范政务处分，加强对所有行使公权力的公职人员的监督，促进公职人员依法履职、秉公用权、廉洁从政从业、坚持道德操守，根据《中华人民共和国监察法》，制定本法。

第二条　本法适用于监察机关对违法的公职人员给予政务处分的活动。

本法第二章、第三章适用于公职人员任免机关、单位对违法的公职人员给予处分。处分的程序、申诉等适用其他法律、行政法规、国务院部门规章和国家有关规定。

本法所称公职人员，是指《中华人民共和国监察法》第十五条规定的人员。

第三条　监察机关应当按照管理权限，加强对公职人员的监督，依法给予违法的公职人员政务处分。

公职人员任免机关、单位应当按照管理权限，加强对公职人员的教育、管理、监督，依法给予违法的公职人员处分。

监察机关发现公职人员任免机关、单位应当给予处分而未给予，或者给予的处分违法、不当的，应当及时提出监察建议。

第四条　给予公职人员政务处分，坚持党管干部原则，集体讨论决定；坚持法律面前一律平等，以事实为根据，以法律为准绳，给予的政务处分与违法行为的性质、情节、危害程度相当；坚持惩戒与教育相结合，宽严相济。

第五条　给予公职人员政务处分，应当事实清楚、证据确凿、定性准确、处理恰当、程序合法、手续完备。

第六条　公职人员依法履行职责受法律保护，非因法定事由、非经法定程序，不受政务处分。

第二章　政务处分的种类和适用

第七条　政务处分的种类为：

（一）警告；

（二）记过；

（三）记大过；

（四）降级；

（五）撤职；

（六）开除。

第八条　政务处分的期间为：

（一）警告，六个月；

（二）记过，十二个月；

（三）记大过，十八个月；

（四）降级、撤职，二十四个月。

政务处分决定自作出之日起生效，政务处分期自政务处分决定生效之日起计算。

第九条 公职人员二人以上共同违法，根据各自在违法行为中所起的作用和应当承担的法律责任，分别给予政务处分。

第十条 有关机关、单位、组织集体作出的决定违法或者实施违法行为的，对负有责任的领导人员和直接责任人员中的公职人员依法给予政务处分。

第十一条 公职人员有下列情形之一的，可以从轻或者减轻给予政务处分：

（一）主动交代本人应当受到政务处分的违法行为的；

（二）配合调查，如实说明本人违法事实的；

（三）检举他人违纪违法行为，经查证属实的；

（四）主动采取措施，有效避免、挽回损失或者消除不良影响的；

（五）在共同违法行为中起次要或者辅助作用的；

（六）主动上交或者退赔违法所得的；

（七）法律、法规规定的其他从轻或者减轻情节。

第十二条 公职人员违法行为情节轻微，且具有本法第十一条规定的情形之一的，可以对其进行谈话提醒、批评教育、责令检查或者予以诫勉，免予或者不予政务处分。

公职人员因不明真相被裹挟或者被胁迫参与违法活动，经批评教育后确有悔改表现的，可以减轻、免予或者不予政务处分。

第十三条 公职人员有下列情形之一的，应当从重给予政务处分：

（一）在政务处分期内再次故意违法，应当受到政务处分的；

（二）阻止他人检举、提供证据的；

（三）串供或者伪造、隐匿、毁灭证据的；

（四）包庇同案人员的；

（五）胁迫、唆使他人实施违法行为的；

（六）拒不上交或者退赔违法所得的；

（七）法律、法规规定的其他从重情节。

第十四条 公职人员犯罪，有下列情形之一的，予以开除：

（一）因故意犯罪被判处管制、拘役或者有期徒刑以上刑罚（含宣告缓刑）的；

（二）因过失犯罪被判处有期徒刑，刑期超过三年的；

（三）因犯罪被单处或者并处剥夺政治权利的。

因过失犯罪被判处管制、拘役或者三年以下有期徒刑的，一般应当予以开除；案件情况特殊，予以撤职更为适当的，可以不予开除，但是应当报请上一级机关批准。

公职人员因犯罪被单处罚金，或者犯罪情节轻微，人民检察院依法作出不起诉决定或者人民法院依法免予刑事处罚的，予以撤职；造成不良影响的，予以开除。

第十五条 公职人员有两个以上违法行为的，应当分别确定政务处分。应当给予两种以上政务处分的，执行其中最重的政务处分；应当给予撤职以下多个相同政务处分的，可以在一个政务处分期以上、多个政务处分期之和以下确定政务处分期，但是最长不得超过四十八个月。

第十六条 对公职人员的同一违法行为，监察机关和公职人员任免机关、单位不得重复给予政务处分和处分。

第十七条 公职人员有违法行为，有关机关依照规定给予组织处理的，监察机关可以同时给予政务处分。

第十八条 担任领导职务的公职人员有违法行为，被罢免、撤销、免去或者辞去领导职务的，监察机关可以同时给予政务处分。

第十九条 公务员以及参照《中华人民共和国公务员法》管理的人员在政务处分期内，不得晋升职务、职级、衔级和级别；其中，被记过、记大过、降级、撤职的，不得晋升工资档次。被撤职的，按照规定降低职务、职级、衔级和级别，同时降低工资和待遇。

第二十条 法律、法规授权或者受国家机关依法委托管理公共事务的组织中从事公务的人员，以及公办的教育、科研、文化、医疗卫生、体育等单位中从事管理的人员，在政务处分期内，不得晋升职务、岗位和职员等级、职称；其中，被记过、记大过、降级、撤职的，不得晋升薪酬待遇等级。被撤职的，降低职务、岗位或者职员等级，同时降低薪酬待遇。

第二十一条 国有企业管理人员在政务处分期内，不得晋升职务、岗位等级和职称；其中，被记过、记大过、降级、撤职的，不得晋升薪酬待遇等级。被撤职的，降低职务或者岗位等级，同时降低薪酬待遇。

第二十二条 基层群众性自治组织中从事管理的人员有违法行为的，监察机关可以予以警告、记过、记大过。

基层群众性自治组织中从事管理的人员受到政务处分的，应当由县级或者乡镇人民政府根据具体情况减发或者扣发补贴、奖金。

第二十三条 《中华人民共和国监察法》第十五条第六项规定的人员有违法行为的，监察机关可以予以警告、记过、记大过。情节严重的，由所在单位直接给予或者监察机关建议有关机关、单位给予降低薪酬待遇、调离岗位、解除人事关系或者劳动关系等处理。

《中华人民共和国监察法》第十五条第二项规定的人员，未担任公务员、参照《中华人民共和国公务员法》管理的人员、事业单位工作人员或者国有企业人员职务的，对其违法行为依照前款规定处理。

第二十四条　公职人员被开除，或者依照本法第二十三条规定，受到解除人事关系或者劳动关系处理的，不得录用为公务员以及参照《中华人民共和国公务员法》管理的人员。

第二十五条　公职人员违法取得的财物和用于违法行为的本人财物，除依法应当由其他机关没收、追缴或者责令退赔的，由监察机关没收、追缴或者责令退赔；应当退还原所有人或者原持有人的，依法予以退还；属于国家财产或者不应当退还以及无法退还的，上缴国库。

公职人员因违法行为获得的职务、职级、衔级、级别、岗位和职员等级、职称、待遇、资格、学历、学位、荣誉、奖励等其他利益，监察机关应当建议有关机关、单位、组织按规定予以纠正。

第二十六条　公职人员被开除的，自政务处分决定生效之日起，应当解除其与所在机关、单位的人事关系或者劳动关系。

公职人员受到开除以外的政务处分，在政务处分期内有悔改表现，并且没有再发生应当给予政务处分的违法行为的，政务处分期满后自动解除，晋升职务、职级、衔级、级别、岗位和职员等级、职称、薪酬待遇不再受原政务处分影响。但是，解除降级、撤职的，不恢复原职务、职级、衔级、级别、岗位和职员等级、职称、薪酬待遇。

第二十七条　已经退休的公职人员退休前或者退休后有违法行为的，不再给予政务处分，但是可以对其立案调查；依法应当予以降级、撤职、开除的，应当按照规定相应调整其享受的待遇，对其违法取得的财物和用于违法行为的本人财物依照本法第二十五条的规定处理。

已经离职或者死亡的公职人员在履职期间有违法行为的，依照前款规定处理。

第三章　违法行为及其适用的政务处分

第二十八条　有下列行为之一的，予以记过或者记大过；情节较重的，予以降级或者撤职；情节严重的，予以开除：

（一）散布有损宪法权威、中国共产党领导和国家声誉的言论的；

（二）参加旨在反对宪法、中国共产党领导和国家的集会、游行、示威等活动的；

（三）拒不执行或者变相不执行中国共产党和国家的路线方针政策、重大决策部署的；

（四）参加非法组织、非法活动的；

（五）挑拨、破坏民族关系，或者参加民族分裂活动的；

（六）利用宗教活动破坏民族团结和社会稳定的；

（七）在对外交往中损害国家荣誉和利益的。

有前款第二项、第四项、第五项和第六项行为之一的，对策划者、组织者和骨干分子，予以开除。

公开发表反对宪法确立的国家指导思想，反对中国共产党领导，反对社会主义制度，反对改革开放的文章、演说、宣言、声明等的，予以开除。

第二十九条　不按照规定请示、报告重大事项，情节较重的，予以警告、记过或者记大过；情节严重的，予以降级或者撤职。

违反个人有关事项报告规定，隐瞒不报，情节较重的，予以警告、记过或者记大过。

篡改、伪造本人档案资料的，予以记过或者记大过；情节严重的，予以降级或者撤职。

第三十条　有下列行为之一的，予以警告、记过或者记大过；情节严重的，予以降级或者撤职：

（一）违反民主集中制原则，个人或者少数人决定重大事项，或者拒不执行、擅自改变集体作出的重大决定的；

（二）拒不执行或者变相不执行、拖延执行上级依法作出的决定、命令的。

第三十一条　违反规定出境或者办理因私出境证件的，予以记过或者记大过；情节严重的，予以降级或者撤职。

违反规定取得外国国籍或者获取境外永久居留资格、长期居留许可的，予以撤职或者开除。

第三十二条　有下列行为之一的，予以警告、记过或者记大过；情节较重的，予以降级或者撤职；情节严重的，予以开除：

（一）在选拔任用、录用、聘用、考核、晋升、评选等干部人事工作中违反有关规定的；

（二）弄虚作假，骗取职务、职级、衔级、级别、岗位和职员等级、职称、待遇、资格、学历、学位、荣誉、奖励或者其他利益的；

（三）对依法行使批评、申诉、控告、检举等权利的行为进行压制或者打击报复的；

（四）诬告陷害，意图使他人受到名誉损害或者责任追究等不良影响的；

（五）以暴力、威胁、贿赂、欺骗等手段破坏选举的。

第三十三条　有下列行为之一的，予以警告、记过或者记大过；情节较重的，予以降级或者撤职；情节严重的，予以开除：

（一）贪污贿赂的；

（二）利用职权或者职务上的影响为本人或者他人谋取私利的；

（三）纵容、默许特定关系人利用本人职权或者职务上的影响谋取私利的。

拒不按照规定纠正特定关系人违规任职、兼职或者从事经营活动，且不服从职务调整的，予以撤职。

第三十四条 收受可能影响公正行使公权力的礼品、礼金、有价证券等财物的，予以警告、记过或者记大过；情节较重的，予以降级或者撤职；情节严重的，予以开除。

向公职人员及其特定关系人赠送可能影响公正行使公权力的礼品、礼金、有价证券等财物，或者接受、提供可能影响公正行使公权力的宴请、旅游、健身、娱乐等活动安排，情节较重的，予以警告、记过或者记大过；情节严重的，予以降级或者撤职。

第三十五条 有下列行为之一，情节较重的，予以警告、记过或者记大过；情节严重的，予以降级或者撤职：

（一）违反规定设定、发放薪酬或者津贴、补贴、奖金的；

（二）违反规定，在公务接待、公务交通、会议活动、办公用房以及其他工作生活保障等方面超标准、超范围的；

（三）违反规定公款消费的。

第三十六条 违反规定从事或者参与营利性活动，或者违反规定兼任职务、领取报酬的，予以警告、记过或者记大过；情节较重的，予以降级或者撤职；情节严重的，予以开除。

第三十七条 利用宗族或者黑恶势力等欺压群众，或者纵容、包庇黑恶势力活动的，予以撤职；情节严重的，予以开除。

第三十八条 有下列行为之一，情节较重的，予以警告、记过或者记大过；情节严重的，予以降级或者撤职：

（一）违反规定向管理服务对象收取、摊派财物的；

（二）在管理服务活动中故意刁难、吃拿卡要的；

（三）在管理服务活动中态度恶劣粗暴，造成不良后果或者影响的；

（四）不按照规定公开工作信息，侵犯管理服务对象知情权，造成不良后果或者影响的；

（五）其他侵犯管理服务对象利益的行为，造成不良后果或者影响的。

有前款第一项、第二项和第五项行为，情节特别严重的，予以开除。

第三十九条 有下列行为之一，造成不良后果或者影响的，予以警告、记过或者记大过；情节较重的，予以降级或者撤职；情节严重的，予以开除：

（一）滥用职权，危害国家利益、社会公共利益或者侵害公民、法人、其他组织合法权益的；

（二）不履行或者不正确履行职责，玩忽职守，贻误工作的；

（三）工作中有形式主义、官僚主义行为的；

（四）工作中有弄虚作假，误导、欺骗行为的；

（五）泄露国家秘密、工作秘密，或者泄露因履行职责掌握的商业秘密、个人隐私的。

第四十条 有下列行为之一的，予以警告、记过或者记大过；情节较重的，予以降级或者撤职；情节严重的，予以开除：

（一）违背社会公序良俗，在公共场所有不当行为，造成不良影响的；

（二）参与或者支持迷信活动，造成不良影响的；

（三）参与赌博的；

（四）拒不承担赡养、抚养、扶养义务的；

（五）实施家庭暴力，虐待、遗弃家庭成员的；

（六）其他严重违反家庭美德、社会公德的行为。

吸食、注射毒品，组织赌博，组织、支持、参与卖淫、嫖娼、色情淫乱活动的，予以撤职或者开除。

第四十一条 公职人员有其他违法行为，影响公职人员形象，损害国家和人民利益的，可以根据情节轻重给予相应政务处分。

第四章 政务处分的程序

第四十二条 监察机关对涉嫌违法的公职人员进行调查，应当由二名以上工作人员进行。监察机关进行调查时，有权依法向有关单位和个人了解情况，收集、调取证据。有关单位和个人应当如实提供情况。

严禁以威胁、引诱、欺骗及其他非法方式收集证据。以非法方式收集的证据不得作为给予政务处分的依据。

第四十三条 作出政务处分决定前，监察机关应当将调查认定的违法事实及拟给予政务处分的依据告知被调查人，听取被调查人的陈述和申辩，并对其陈述的事实、理由和证据进行核实，记录在案。被调查人提出的事实、理由和证据成立的，应予采纳。不得因被调查人的申辩而加重政务处分。

第四十四条 调查终结后，监察机关应当根据下列不同情况，分别作出处理：

（一）确有应受政务处分的违法行为的，根据情节轻重，按照政务处分决定权限，履行规定的审批手续后，作出政务处分决定；

（二）违法事实不能成立的，撤销案件；

（三）符合免予、不予政务处分条件的，作出免予、不予政务处分决定；

（四）被调查人涉嫌其他违法或者犯罪行为的，依法移送主管机关处理。

第四十五条 决定给予政务处分的，应当制作政务处分决定书。

政务处分决定书应当载明下列事项：

（一）被处分人的姓名、工作单位和职务；

（二）违法事实和证据；

（三）政务处分的种类和依据；

（四）不服政务处分决定，申请复审、复核的途径和期限；

（五）作出政务处分决定的机关名称和日期。

政务处分决定书应当盖有作出决定的监察机关的印章。

第四十六条 政务处分决定书应当及时送达被处分人和被处分人所在机关、单位，并在一定范围内宣布。

作出政务处分决定后，监察机关应当根据被处分人的具体身份书面告知相关的机关、单位。

第四十七条 参与公职人员违法案件调查、处理的人员有下列情形之一的，应当自行回避，被调查人、检举人及其他有关人员也有权要求其回避：

（一）是被调查人或者检举人的近亲属的；

（二）担任过本案的证人的；

（三）本人或者其近亲属与调查的案件有利害关系的；

（四）可能影响案件公正调查、处理的其他情形。

第四十八条 监察机关负责人的回避，由上级监察机关决定；其他参与违法案件调查、处理人员的回避，由监察机关负责人决定。

监察机关或者上级监察机关发现参与违法案件调查、处理人员有应当回避情形的，可以直接决定该人员回避。

第四十九条 公职人员依法受到刑事责任追究的，监察机关应当根据司法机关的生效判决、裁定、决定及其认定的事实和情节，依照本法规定给予政务处分。

公职人员依法受到行政处罚，应当给予政务处分的，监察机关可以根据行政处罚决定认定的事实和情节，经立案调查核实后，依照本法给予政务处分。

监察机关根据本条第一款、第二款的规定作出政务处分后，司法机关、行政机关依法改变原生效判决、裁定、决定等，对原政务处分决定产生影响的，监察机关应当根据改变后的判决、裁定、决定等重新作出相应处理。

第五十条 监察机关对经各级人民代表大会、县级以上各级人民代表大会常务委员会选举或者决定任命的公职人员予以撤职、开除的，应当先依法罢免、撤销或者免去其职务，再依法作出政务处分决定。

监察机关对经中国人民政治协商会议各级委员会全体会议或者其常务委员会选举或者决定任命的公职人员予以撤职、开除的，应当先依章程免去其职务，再依法作出政务处分决定。

监察机关对各级人民代表大会代表、中国人民政治协商会议各级委员会委员给予政务处分的，应当向有关的人民代表大会常务委员会，乡、民族乡、镇的人民代表大会主席团或者中国人民政治协商会议委员会常务委员会通报。

第五十一条 下级监察机关根据上级监察机关的指定管辖决定进行调查的案件，调查终结后，对不属于本监察机关管辖范围内的监察对象，应当交有管理权限的监察机关依法作出政务处分决定。

第五十二条 公职人员涉嫌违法，已经被立案调查，不宜继续履行职责的，公职人员任免机关、单位可以决定暂停其履行职务。

公职人员在被立案调查期间，未经监察机关同意，不得出境、辞去公职；被调查公职人员所在机关、单位及上级机关、单位不得对其交流、晋升、奖励、处分或者办理退休手续。

第五十三条 监察机关在调查中发现公职人员受到不实检举、控告或者诬告陷害，造成不良影响的，应当按照规定及时澄清事实，恢复名誉，消除不良影响。

第五十四条 公职人员受到政务处分的，应当将政务处分决定书存入其本人档案。对于受到降级以上政务处分的，应当由人事部门按照管理权限在作出政务处分决定后一个月内办理职务、工资及其他有关待遇等的变更手续；特殊情况下，经批准可以适当延长办理期限，但是最长不得超过六个月。

第五章　复审、复核

第五十五条 公职人员对监察机关作出的涉及本人的政务处分决定不服的，可以依法向作出决定的监察机关申请复审；公职人员对复审决定仍不服的，可以向上一级监察机关申请复核。

监察机关发现本机关或者下级监察机关作出的政务处分决定确有错误的，应当及时予以纠正或者责令下级监察机关及时予以纠正。

第五十六条 复审、复核期间，不停止原政务处分决定的执行。

公职人员不因提出复审、复核而被加重政务处分。

第五十七条 有下列情形之一的，复审、复核机关应当撤销原政务处分决定，重新作出决定或者责令原作出决定的监察机关重新作出决定：

（一）政务处分所依据的违法事实不清或者证据不足的；

（二）违反法定程序，影响案件公正处理的；

（三）超越职权或者滥用职权作出政务处分决定的。

第五十八条 有下列情形之一的，复审、复核机关应当变更原政务处分决定，或者责令原作出决定的监察机关予以变更：

（一）适用法律、法规确有错误的；

（二）对违法行为的情节认定确有错误的；

（三）政务处分不当的。

第五十九条 复审、复核机关认为政务处分决定认定事实清楚，适用法律正确的，应当予以维持。

第六十条 公职人员的政务处分决定被变更，需要调整该公职人员的职务、职级、衔级、级别、岗位和职员等级或者薪酬待遇等的，应当按照规定予以调整。政务处分决定被撤销的，应当恢复该公职人员的级别、薪酬待遇，按照原职务、职级、衔级、岗位和职员等级安排相应的职务、职级、衔级、岗位和职员等级，并在原政务处分决定公布范围内为其恢复名誉。没收、追缴财物错误的，应当依法予以返还、赔偿。

公职人员因有本法第五十七条、第五十八条规定的情形被撤销政务处分或者减轻政务处分的，应当对其薪酬待遇受到的损失予以补偿。

第六章　法律责任

第六十一条　有关机关、单位无正当理由拒不采纳监察建议的，由其上级机关、主管部门责令改正，对该机关、单位给予通报批评，对负有责任的领导人员和直接责任人员依法给予处理。

第六十二条　有关机关、单位、组织或者人员有下列情形之一的，由其上级机关，主管部门，任免机关、单位或者监察机关责令改正，依法给予处理：

（一）拒不执行政务处分决定的；

（二）拒不配合或者阻碍调查的；

（三）对检举人、证人或者调查人员进行打击报复的；

（四）诬告陷害公职人员的；

（五）其他违反本法规定的情形。

第六十三条　监察机关及其工作人员有下列情形之一的，对负有责任的领导人员和直接责任人员依法给予处理：

（一）违反规定处置问题线索的；

（二）窃取、泄露调查工作信息，或者泄露检举事项、检举受理情况以及检举人信息的；

（三）对被调查人或者涉案人员逼供、诱供，或者侮辱、打骂、虐待、体罚或者变相体罚的；

（四）收受被调查人或者涉案人员的财物以及其他利益的；

（五）违反规定处置涉案财物的；

（六）违反规定采取调查措施的；

（七）利用职权或者职务上的影响干预调查工作、以案谋私的；

（八）违反规定发生办案安全事故，或者发生安全事故后隐瞒不报、报告失实、处置不当的；

（九）违反回避等程序规定，造成不良影响的；

（十）不依法受理和处理公职人员复审、复核的；

（十一）其他滥用职权、玩忽职守、徇私舞弊的行为。

第六十四条 违反本法规定，构成犯罪的，依法追究刑事责任。

第七章 附 则

第六十五条 国务院及其相关主管部门根据本法的原则和精神，结合事业单位、国有企业等的实际情况，对事业单位、国有企业等的违法的公职人员处分事宜作出具体规定。

第六十六条 中央军事委员会可以根据本法制定相关具体规定。

第六十七条 本法施行前，已结案的案件如果需要复审、复核，适用当时的规定。尚未结案的案件，如果行为发生时的规定不认为是违法的，适用当时的规定；如果行为发生时的规定认为是违法的，依照当时的规定处理，但是如果本法不认为是违法或者根据本法处理较轻的，适用本法。

第六十八条 本法自 2020 年 7 月 1 日起施行。

附录六：中华人民共和国仲裁法（节录）

（1994 年 8 月 31 日第八届全国人民代表大会常务委员会第九次会议通过。根据 2009 年 8 月 27 日第十一届全国人民代表大会常务委员会第十次会议《关于修改部分法律的决定》第一次修正，根据 2017 年 9 月 1 日第十二届全国人民代表大会常务委员会第二十九次会议《关于修改〈中华人民共和国法官法〉等八部法律的决定》第二次修正）

第一章 总 则

第一条 为保证公正、及时地仲裁经济纠纷，保护当事人的合法权益，保障社会主义市场经济健康发展，制定本法。

第二条 平等主体的公民、法人和其他组织之间发生的合同纠纷和其他财产权益纠纷，可以仲裁。

第三条 下列纠纷不能仲裁：

（一）婚姻、收养、监护、扶养、继承纠纷；

（二）依法应当由行政机关处理的行政争议。

第四条 当事人采用仲裁方式解决纠纷，应当双方自愿，达成仲裁协议。没有仲裁协议，一方申请仲裁的，仲裁委员会不予受理。

第五条 当事人达成仲裁协议，一方向人民法院起诉的，人民法院不予受理，但仲裁协议无效的除外。

第六条 仲裁委员会应当由当事人协议选定。

仲裁不实行级别管辖和地域管辖。

第七条 仲裁应当根据事实，符合法律规定，公平合理地解决纠纷。

第八条 仲裁依法独立进行，不受行政机关、社会团体和个人的干涉。

第九条 仲裁实行一裁终局的制度。裁决作出后，当事人就同一纠纷再申请仲裁或者向人民法院起诉的，仲裁委员会或者人民法院不予受理。

裁决被人民法院依法裁定撤销或者不予执行的，当事人就该纠纷可以根据双方重新达成的仲裁协议申请仲裁，也可以向人民法院起诉。

第二章　仲裁委员会和仲裁协会

第十条 仲裁委员会可以在直辖市和省、自治区人民政府所在地的市设立，也可以根据需要在其他设区的市设立，不按行政区划层层设立。

仲裁委员会由前款规定的市的人民政府组织有关部门和商会统一组建。

设立仲裁委员会，应当经省、自治区、直辖市的司法行政部门登记。

第十一条 仲裁委员会应当具备下列条件：

（一）有自己的名称、住所和章程；

（二）有必要的财产；

（三）有该委员会的组成人员；

（四）有聘任的仲裁员。

仲裁委员会的章程应当依照本法制定。

第十二条 仲裁委员会由主任一人、副主任二至四人和委员七至十一人组成。

仲裁委员会的主任、副主任和委员由法律、经济贸易专家和有实际工作经验的人员担任。仲裁委员会的组成人员中，法律、经济贸易专家不得少于三分之二。

第十三条 仲裁委员会应当从公道正派的人员中聘任仲裁员。

仲裁员应当符合下列条件之一：

（一）通过国家统一法律职业资格考试取得法律职业资格，从事仲裁工作满八年的；

（二）从事律师工作满八年的；

（三）曾任法官满八年的；

（四）从事法律研究、教学工作并具有高级职称的；

（五）具有法律知识、从事经济贸易等专业工作并具有高级职称或者具有同等专业水平的。

仲裁委员会按照不同专业设仲裁员名册。

第十四条 仲裁委员会独立于行政机关，与行政机关没有隶属关系。仲裁委员会之间也没有隶属关系。

第十五条 中国仲裁协会是社会团体法人。仲裁委员会是中国仲裁协会的会员。中国仲裁协会的章程由全国会员大会制定。

中国仲裁协会是仲裁委员会的自律性组织，根据章程对仲裁委员会及其组成人员、仲裁员的违纪行为进行监督。

中国仲裁协会依照本法和民事诉讼法的有关规定制定仲裁规则。

第三章　仲裁协议

第十六条　仲裁协议包括合同中订立的仲裁条款和以其他书面方式在纠纷发生前或者纠纷发生后达成的请求仲裁的协议。

仲裁协议应当具有下列内容：

（一）请求仲裁的意思表示；

（二）仲裁事项；

（三）选定的仲裁委员会。

第十七条　有下列情形之一的，仲裁协议无效：

（一）约定的仲裁事项超出法律规定的仲裁范围的；

（二）无民事行为能力人或者限制民事行为能力人订立的仲裁协议；

（三）一方采取胁迫手段，迫使对方订立仲裁协议的。

第十八条　仲裁协议对仲裁事项或者仲裁委员会没有约定或者约定不明确的，当事人可以补充协议；达不成补充协议的，仲裁协议无效。

第十九条　仲裁协议独立存在，合同的变更、解除、终止或者无效，不影响仲裁协议的效力。

仲裁庭有权确认合同的效力。

第二十条　当事人对仲裁协议的效力有异议的，可以请求仲裁委员会作出决定或者请求人民法院作出裁定。一方请求仲裁委员会作出决定，另一方请求人民法院作出裁定的，由人民法院裁定。

当事人对仲裁协议的效力有异议，应当在仲裁庭首次开庭前提出。

第四章　仲裁程序

第一节　申请和受理

第二十一条　当事人申请仲裁应当符合下列条件：

（一）有仲裁协议；

（二）有具体的仲裁请求和事实、理由；

（三）属于仲裁委员会的受理范围。

第二十二条　当事人申请仲裁，应当向仲裁委员会递交仲裁协议、仲裁申请书及副本。

第二十三条　仲裁申请书应当载明下列事项：

（一）当事人的姓名、性别、年龄、职业、工作单位和住所，法人或者其他组织的名称、住所和法定代表人或者主要负责人的姓名、职务；

（二）仲裁请求和所根据的事实、理由；

（三）证据和证据来源、证人姓名和住所。

第二十四条　仲裁委员会收到仲裁申请书之日起五日内，认为符合受理条件的，应当受理，并通知当事人；认为不符合受理条件的，应当书面通知当事人不予受理，并说明理由。

第二十五条　仲裁委员会受理仲裁申请后，应当在仲裁规则规定的期限内将仲裁规则和仲裁员名册送达申请人，并将仲裁申请书副本和仲裁规则、仲裁员名册送达被申请人。

被申请人收到仲裁申请书副本后，应当在仲裁规则规定的期限内向仲裁委员会提交答辩书。仲裁委员会收到答辩书后，应当在仲裁规则规定的期限内将答辩书副本送达申请人。被申请人未提交答辩书的，不影响仲裁程序的进行。

第二十六条 当事人达成仲裁协议，一方向人民法院起诉未声明有仲裁协议，人民法院受理后，另一方在首次开庭前提交仲裁协议的，人民法院应当驳回起诉，但仲裁协议无效的除外；另一方在首次开庭前未对人民法院受理该案提出异议的，视为放弃仲裁协议，人民法院应当继续审理。

第二十七条 申请人可以放弃或者变更仲裁请求。被申请人可以承认或者反驳仲裁请求，有权提出反请求。

第二十八条 一方当事人因另一方当事人的行为或者其他原因，可能使裁决不能执行或者难以执行的，可以申请财产保全。

当事人申请财产保全的，仲裁委员会应当将当事人的申请依照民事诉讼法的有关规定提交人民法院。

申请有错误的，申请人应当赔偿被申请人因财产保全所遭受的损失。

第二十九条 当事人、法定代理人可以委托律师和其他代理人进行仲裁活动。委托律师和其他代理人进行仲裁活动的，应当向仲裁委员会提交授权委托书。

第二节　仲裁庭的组成

第三十条 仲裁庭可以由三名仲裁员或者一名仲裁员组成。由三名仲裁员组成的，设首席仲裁员。

第三十一条 当事人约定由三名仲裁员组成仲裁庭的，应当各自选定或者各自委托仲裁委员会主任指定一名仲裁员，第三名仲裁员由当事人共同选定或者共同委托仲裁委员会主任指定。第三名仲裁员是首席仲裁员。

当事人约定由一名仲裁员成立仲裁庭的，应当由当事人共同选定或者共同委托仲裁委员会主任指定仲裁员。

第三十二条 当事人没有在仲裁规则规定的期限内约定仲裁庭的组成方式或者选定仲裁员的，由仲裁委员会主任指定。

第三十三条 仲裁庭组成后，仲裁委员会应当将仲裁庭的组成情况书面通知当事人。

第三十四条 仲裁员有下列情形之一的，必须回避，当事人也有权提出回避申请：

（一）是本案当事人或者当事人、代理人的近亲属；

（二）与本案有利害关系；

（三）与本案当事人、代理人有其他关系，可能影响公正仲裁的；

（四）私自会见当事人、代理人，或者接受当事人、代理人的请客送礼的。

第三十五条 当事人提出回避申请，应当说明理由，在首次开庭前提出。回避事由在首次开庭后知道的，可以在最后一次开庭终结前提出。

第三十六条 仲裁员是否回避，由仲裁委员会主任决定；仲裁委员会主任担任仲裁员时，由仲裁委员会集体决定。

第三十七条 仲裁员因回避或者其他原因不能履行职责的，应当依照本法规定重新选定或者指定仲裁员。

因回避而重新选定或者指定仲裁员后，当事人可以请求已进行的仲裁程序重新进行，是否准许，由仲裁庭决定；仲裁庭也可以自行决定已进行的仲裁程序是否重新进行。

第三十八条 仲裁员有本法第三十四条第四项规定的情形，情节严重的，或者有本法第五十八条第六项规定的情形的，应当依法承担法律责任，仲裁委员会应当将其除名。

第三节　开庭和裁决

第三十九条　仲裁应当开庭进行。当事人协议不开庭的，仲裁庭可以根据仲裁申请书、答辩书以及其他材料作出裁决。

第四十条　仲裁不公开进行。当事人协议公开的，可以公开进行，但涉及国家秘密的除外。

第四十一条　仲裁委员会应当在仲裁规则规定的期限内将开庭日期通知双方当事人。当事人有正当理由的，可以在仲裁规则规定的期限内请求延期开庭。是否延期，由仲裁庭决定。

第四十二条　申请人经书面通知，无正当理由不到庭或者未经仲裁庭许可中途退庭的，可以视为撤回仲裁申请。

被申请人经书面通知，无正当理由不到庭或者未经仲裁庭许可中途退庭的，可以缺席裁决。

第四十三条　当事人应当对自己的主张提供证据。

仲裁庭认为有必要收集的证据，可以自行收集。

第四十四条　仲裁庭对专门性问题认为需要鉴定的，可以交由当事人约定的鉴定部门鉴定，也可以由仲裁庭指定的鉴定部门鉴定。

根据当事人的请求或者仲裁庭的要求，鉴定部门应当派鉴定人参加开庭。当事人经仲裁庭许可，可以向鉴定人提问。

第四十五条　证据应当在开庭时出示，当事人可以质证。

第四十六条　在证据可能灭失或者以后难以取得的情况下，当事人可以申请证据保全。当事人申请证据保全的，仲裁委员会应当将当事人的申请提交证据所在地的基层人民法院。

第四十七条 当事人在仲裁过程中有权进行辩论。辩论终结时，首席仲裁员或者独任仲裁员应当征询当事人的最后意见。

第四十八条 仲裁庭应当将开庭情况记入笔录。当事人和其他仲裁参与人认为对自己陈述的记录有遗漏或者差错的，有权申请补正。如果不予补正，应当记录该申请。

笔录由仲裁员、记录人员、当事人和其他仲裁参与人签名或者盖章。

第四十九条 当事人申请仲裁后，可以自行和解。达成和解协议的，可以请求仲裁庭根据和解协议作出裁决书，也可以撤回仲裁申请。

第五十条 当事人达成和解协议，撤回仲裁申请后反悔的，可以根据仲裁协议申请仲裁。

第五十一条 仲裁庭在作出裁决前，可以先行调解。当事人自愿调解的，仲裁庭应当调解。调解不成的，应当及时作出裁决。

调解达成协议的，仲裁庭应当制作调解书或者根据协议的结果制作裁决书。调解书与裁决书具有同等法律效力。

第五十二条 调解书应当写明仲裁请求和当事人协议的结果。调解书由仲裁员签名，加盖仲裁委员会印章，送达双方当事人。

调解书经双方当事人签收后，即发生法律效力。

在调解书签收前当事人反悔的，仲裁庭应当及时作出裁决。

第五十三条 裁决应当按照多数仲裁员的意见作出，少数仲裁员的不同意见可以记入笔录。仲裁庭不能形成多数意见时，裁决应当按照首席仲裁员的意见作出。

第五十四条 裁决书应当写明仲裁请求、争议事实、裁决理由、裁决结果、仲裁费用的负担和裁决日期。当事人协议不愿写明争议事实和裁决理由的，可以不写。裁决书由仲裁员签名，加盖仲裁委员会印章。对裁决持不同意见的仲裁员，可以签名，也可以不签名。

第五十五条 仲裁庭仲裁纠纷时，其中一部分事实已经清楚，可以就该部分先行裁决。

第五十六条 对裁决书中的文字、计算错误或者仲裁庭已经裁决但在裁决书中遗漏的事项，仲裁庭应当补正；当事人自收到裁决书之日起三十日内，可以请求仲裁庭补正。

第五十七条 裁决书自作出之日起发生法律效力。

第五章　申请撤销裁决

第五十八条 当事人提出证据证明裁决有下列情形之一的，可以向仲裁委员会所在地的中级人民法院申请撤销裁决：

（一）没有仲裁协议的；

（二）裁决的事项不属于仲裁协议的范围或者仲裁委员会无权仲裁的；

（三）仲裁庭的组成或者仲裁的程序违反法定程序的；

（四）裁决所根据的证据是伪造的；

（五）对方当事人隐瞒了足以影响公正裁决的证据的；

（六）仲裁员在仲裁该案时有索贿受贿，徇私舞弊，枉法裁决行为的。

人民法院经组成合议庭审查核实裁决有前款规定情形之一的，应当裁定撤销。

人民法院认定该裁决违背社会公共利益的，应当裁定撤销。

第五十九条 当事人申请撤销裁决的，应当自收到裁决书之日起六个月内提出。

第六十条 人民法院应当在受理撤销裁决申请之日起两个月内作出撤销裁决或者驳回申请的裁定。

第六十一条 人民法院受理撤销裁决的申请后，认为可以由仲裁庭重新仲裁的，通知仲裁庭在一定期限内重新仲裁，并裁定中止撤销程序。仲裁庭拒绝重新仲裁的，人民法院应当裁定恢复撤销程序。

第六章 执 行

第六十二条 当事人应当履行裁决。一方当事人不履行的，另一方当事人可以依照民事诉讼法的有关规定向人民法院申请执行。受申请的人民法院应当执行。

第六十三条 被申请人提出证据证明裁决有民事诉讼法第二百一十三条第二款规定的情形之一的，经人民法院组成合议庭审查核实，裁定不予执行。

第六十四条 一方当事人申请执行裁决，另一方当事人申请撤销裁决的，人民法院应当裁定中止执行。

人民法院裁定撤销裁决的，应当裁定终结执行。撤销裁决的申请被裁定驳回的，人民法院应当裁定恢复执行。

……

①

———————————

①